WOLFGANG AMADEUS MOZART

WOLFGANG AMADEUS MOZART

por Juan Pablo Morales Anguiano

Grupo Editorial Tomo, S.A. de C.V.
Nicolás San Juan 1043
03100 México, D.F.

1a. edición, octubre 2002.
2a. edición, mayo 2005.

© 2005, Grupo Editorial Tomo, S.A. de C.V.
Nicolás San Juan 1043, Col. Del Valle
03100 México, D.F.
Tels. 5575-6615, 5575-8701 y 5575-0186
Fax. 5575-6695
http://www.grupotomo.com.mx
ISBN: 970-666-604-4
Miembro de la Cámara Nacional
de la Industria Editorial No 2961

Proyecto: Juan Pablo Morales Anguiano
Diseño de Portada: Emigdio Guevara
Formación Tipográfica: Servicios Editoriales Aguirre, S.C.
Supervisor de producción: Leonardo Figueroa

Impreso en México - *Printed in Mexico*

Contenido

Introducción

Salzburgo dio a la humanidad a uno de los más grandes músicos que han existido. Un hombre cuyas composiciones nunca le dieron la gloria en vida y, sin embargo, fue maestro de otros grandes como es el caso de Ludwig van Beethoven. Este hombre no es otro, sino Wolfgang Amadeus Mozart.

Desde sus primeros años, en la infancia, Wolferl como le llamaban cariñosamente, mostraba sus grandes dones para la más bella de las artes, la música. Era capaz de memorizar una obra completa con tan sólo escucharla una vez, para después sentarse al clavecín e interpretarla como si la estuviera leyendo.

Mozart era un hombre con una sensibilidad extraordinaria, lo mismo para la música que para los asuntos de su vida diaria, es por eso que el amor le traía tantos dolores de cabeza, pues una vez que conocía a una mujer que le interesaba, se enamoraba perdidamente y daba todo por ella. Uno de los casos más importantes fue el de Aloysia Weber.

Mozart fue un genio que exploró con avidez todos los géneros musicales de su tiempo, lo cual lo llevó a tener una gran experiencia en cuanto a la formación de los elementos de cada uno de ellos. Su gran obra desprende un genio creativo que lo llevó a escribir más de 625 composiciones. Entre sus obras podemos encontrar óperas, sonatas, variaciones, música sacra, e incluso, música para ceremonias masónicas.

Mozart fue explotado como artista por su padre, que en ocasiones se preocupaba más por la remuneración de sus presentaciones que de la salud de su hijo. Pero Wolfgang nunca fue un niño problemático, sino todo lo contrario, pues quienes lo conocían lo describían como un niño encantador y bien educado.

Los múltiples viajes a los que era sometido, le procurarían una salud demasiado frágil. Llegó a sufrir de escarlatina y otros padecimientos menos graves, pero sin duda el primero de ellos tuvo algo que ver en su muerte, aunque muchos le achacan al músico Salieri, el haber envenenado a Mozart por envidia.

Y es que el talento del compositor de Salzburgo era tan grande, que muchos de los músicos que lo conocían se sentían intimidados por él. Cuando era niño había sido conocido como un niño milagroso, y hasta le llegaron a imputar poderes mágicos que, según las habladurías, provenían de un hermoso anillo mágico.

Todo el misterio, la tragedia y la ironía que rodearon la vida de este excelso compositor, bien vale la pena adentrarse en estas páginas y conocer más de cerca todos los acontecimientos que lo llevaron a ser uno de los compositores más importantes y talentosos de su tiempo. Adéntrese en su vida, su muerte, pues todo en Mozart parece haber sido un drama muy bien escrito por el destino.

Entonces pues, dispóngase a disfrutar de este drama, así como a adentrarse en la vida y obra de Wolfgang Amadeus Mozart.

1

Leopold Mozart

El año de 1737, a mediados del mes de marzo, la ciudad de Salzburgo recibió al que sería el padre de uno de sus más prolíficos y geniales hijos, se trataba del joven Leopold Mozart, que debido a la mala condición de su economía, se había aventurado a viajar a esta ciudad.

Su familia tenía una amplia reputación en el negocio de la encuadernación en su natal Ausburgo. Su padre acababa de morir y el futuro no le resultaba nada prometedor; además de que no deseaba ser uno más de la familia en seguir la gris tradición de transcurrir su vida entre pastas de libros. Leopold deseaba una vida mucho más interesante y placentera, pero no anhelaba el placer de la vida llena de lujos, sino el placer de realizar su sueño más acariciado: la música.

Nacido en el año de 1719, Leopold llegó a Salzburgo con la ilusión de desarrollarse como músico, por lo que se hospedó en una humilde posada, y donde su padrino George Grabber le trajo la suerte que necesitaba para el cumplimiento de sus sueños. De niño, era sumamente inteligente y trabajador, pero lo más importante era que tenía una facilidad impresionante para la música.

Su padrino sentía gran afecto por el pequeño, y sentía la obligación moral de evitar a toda costa que desperdiciara su talento detrás de una mesa de trabajo encuadernando libros para algún pomposo aristócrata que de cualquier manera sólo quería aquellos libros para presumirlos en las frecuentes fiestas que realizaba; por lo que llevó al muchacho al Colegio Benedictino de Saint-Ulrich.

En ese lugar el joven Leopold aprendió música, latín, griego y las bases de una sólida educación artística. Sus notables aptitudes para la música le hicieron destacar del resto de sus compañeros, por lo que sus profesores le tenían un gran afecto. Al completar su educación en aquel colegio, su reputación ya era bien conocida por varios personajes importantes de la sociedad de Salzburgo, por lo que le fueron ofrecidas varias opciones de empleo, entre ellas, le dieron la posibilidad de ser organista o maestro de capilla, labores a las que se acostumbró rápidamente.

Sus ambiciones le hicieron menospreciar la vida religiosa, ya que el convertirse en monje o sacerdote no le atraían. Él deseaba alcanzar el éxito con su música, soñaba con presentarse ante grandes auditorios interpretando bellas melodías con su violín, o mostrar su gran habilidad al improvisar en el órgano durante las ceremonias religiosas.

La fama del oficio de su familia le resultaba un pesado lastre, así que debía salir de Ausburgo a una ciudad donde nadie lo conociera para poder comenzar una nueva vida sin que lo asociaran al oficio de la encuadernación; además en ese tiempo las ciudades estaban abiertas para un joven preparado y talentoso. Alemania se había fragmentado en pequeños estados independientes, y así como Austria tenía gran avidez de orquestas con excelentes músicos, por lo que el trabajo en esta ocupación era bien remunerado.

El siglo XVIII fue generoso en cuanto a la cultura se refiere, además de que se presenta un cambio en el pensamiento de la población en general (pues se deja de depositar en los dioses los asuntos del hombre que comienza a adoptar su responsabilidad de los mismos), el pensamiento científico ha ganado terreno, se ha escudriñado el universo y es que al llevar a cabo grandes descubrimientos, traerá como consecuencia la resolución de los misterios más pequeños de la vida.

La ideología se encuentra en una gran excitación, debido a las ideas de Voltaire, Montesquieu y Rousseau, quienes enfocan sus esfuerzos en promover la libertad y la capacidad intelectual de la sociedad. Este movimiento llamado "la ilustración", se desarrolló principalmente en Francia, pero su importancia alcanzó al resto del continente europeo.

La importancia de la música llevaba a las familias burguesas a formar cuartetos o tríos, por lo que proliferaban las colocaciones como maestros de violín, clavecín o flauta, pero aun con toda esta revolución cultural en toda Europa, en Ausburgo el enfoque social hacia la música no le daba la preponderancia que merecía, mostrando ante ella una dolorosa indiferencia. Este ambiente le resultaba sofocante al joven Mozart.

Había llegado el momento de elegir la carrera que ejercería por el resto de su vida, como ya lo comentamos, la religión no le atraía. Pero aún así era un buen católico, lo que más llamaba su atención era el derecho, ya que debido a lo metódico de su carácter esta disciplina le parece lo más conveniente, además de llenar los huecos que sentía debido a la educación que había recibido.

Sin embargo, la música reclamaría al joven Mozart tiempo después, y es muy posible que de no haber logrado los triunfos que logró en este hermoso arte, Leopold Mozart hubiera sido un reconocido abogado. Pero continuando con nuestra historia, el aspirante a jurista se despidió de su familia y su padrino; acto seguido, encaminó sus pasos hacia la ciudad de Salzburgo, donde, debido a la relación del colegio benedictino con su equivalente en las orillas del Salzach, era muy probable que su padrino tuviera algunas influencias allí, además de que Salzburgo se había convertido en una ciudad de música.

La pluralidad de instituciones eclesiásticas de la ciudad, además de la protección y financiamiento del príncipe arzobispo de la misma, la convertían en un lugar difícil de resistir para cualquier joven músico con aspiraciones, por lo que apenas había llegado a esta ciudad, Leopold corrió a la universidad y salió a recorrer sus calles llenas de una belleza arquitectónica que le robaban el aliento, su abstracción se debía más que nada a que en su ciudad natal no existía nada como lo que ahora contemplaban sus ojos.

La música se podía respirar en al ambiente de Salzburgo, cada rincón, hasta el más pequeño, despedía hermosas notas que endulzaban los pasos del azorado joven, aquellas notas hacían eco en las paredes de las hermosas iglesias estilo barroco, que en esa ciudad abundaban mezclándose con las construcciones de las antiguas casas dándole a Salzburgo una belleza que la situaba a la altura de las más hermosas ciudades del mundo.

Es en este pintoresco entorno, en el que el joven Mozart se estableció. Sus gastos eran cubiertos parcialmente por su padrino, pero su ayuda sólo comprendía los aspectos de su educación profesional, por lo que Leopold recurrió a convertirse en un "músico-sirviente" —cosa que era común en ese tiempo— para poder pagarse sus clases de música.

Así que gracias a su dominio en la interpretación con el violín, Leopold Mozart no tuvo dificultad alguna para conseguir empleo bajo las órdenes del conde Johann Baptist von Thurn und Taxis, a quien dedicaría su primera composición titulada "Seis sonatas para dos violines y bajo", la cual fue escrita en el año de 1740. Su gran talento y fama que había logrado, le permitieron ingresar a una orquesta episcopal en calidad de cuarto violín.

El gran dominio que tenía sobre el violín y su facilidad para enseñar, le valieron ser nombrado profesor de violín del Conservatorio, por lo que en 1747, después de haber logrado cierta estabilidad, contrajo matrimonio con la Srta. Ann Marie Bertel, mujer hermosa y dulce con la que procrearía siete hijos, de los que sólo sobrevivirían dos, una niña que nació el 30 de julio de 1751, a la que nombrarían Marianne y a quien llamarían afectuosamente "Nannerl"; el otro hijo fue un varón nacido el 27 de enero de 1756.

El niño nació un día domingo, y según la tradición austriaca, los nacidos en ese día estaban predestinados a realizar grandes cosas en la vida, por lo que Leopold armó un gran alboroto con la noticia. Al nuevo miembro de su familia le nombrarían Johannes Crysostomus Wolfgang Gottlieb. La madre había tenido ciertas complicaciones al dar a luz, pero ahora se encontraba bien; "Amadeus" es la latinización de Gottlieb, Wolferl, como llamarían afectuosamente en casa al pequeño. Tenía una salud sumamente débil, esto se debió probablemente a que durante la lactancia no podía asimilar la leche materna, por lo que lo alimentaban con agua y azúcar, pero aun así su constitución era fuerte y logró superar la difícil etapa. Al crecer se convirtió en un hermoso joven, su carácter era alegre y sus ojos permitían apreciar la aguda inteligencia que poseía.

Marianne Mozart, hermana de Wolfgang.

2

Wolferl

Los Mozart tenían su residencia en el tercer piso de una construcción ubicada en la calle Getreidegasse y que pertenecía a Lorenz Hagenauer. Esta construcción gozaba de un gran patio donde el joven Mozart nutría su vida con la música que le rodeaba, era común escuchar el violín de su padre y el clavecín de su hermana, a quien acompañaba durante sus lecciones de música.

La educación musical corría a cargo de Leopold Mozart, quien poseía una gran facilidad para la docencia, su primera alumna fue su hija Marianne quien poseía una hermosa y entonada voz; además de que en cuanto la niña tuvo la edad y el tamaño suficiente para poder alcanzar el clavecín, el orgulloso padre volcó en ella el cúmulo de sus conocimientos.

Era asunto cotidiano las improvisadas reuniones en casa de los Mozart, a las que acudían los amigos con sus instrumentos para formar una modesta orquesta. Estas reuniones fueron primordiales para la formación musical de Wolferl, quien se acercaba empujando un pequeño banco y se sentaba a escuchar cómo afinaban los instrumentos y no perdía detalle de todo lo que sucedía en esa habitación.

El pequeño Mozart tenía un oído y una memoria musical prodigiosa, era capaz de recordar todas las notas que acababa de escuchar y comenzaba a tararearlas, además de contar con una melodiosa voz. Leopold había advertido las cualidades musicales de su hijo y pensó en comenzar a instruirlo en este hermoso arte cuando llegara el momento, pero ese momento habría de anticiparse, pues cada vez que las clases de Nannerl terminaban, el pequeñín trepaba al banco que se encontraba frente al clavecín y comenzaba a repetir las melodías que acababa de escuchar, y a menudo experimentaba con variaciones sobre los temas que más le habían gustado.

Su vida estaba llena de música, ya fuera en el patio, en su casa, en las calles de Salzburgo y hasta en la iglesia, ya que al llegar al templo podía gozar con las interpretaciones de Anton Cajetan Adelgasser, John Eberlin y un hermano del magnífico Joseph Haydn, Michael. La escenografía barroca de las iglesias era un fantástico marco para la música que transportaba a Wolferl a otro mundo, un mundo donde se sentía completo y feliz.

Las fiestas familiares eran otro aspecto importante del desarrollo musical del siglo XVIII, ya que era común que en ellas se acostumbrara la presentación de pequeñas orquestas o incluso músicos solistas, por lo que constituían una importante fuente de trabajo para los músicos locales. Los Mozart gozaban de muchas amistades, y por lo tanto, igual número de invitaciones, por lo que el pequeño Mozart se embelesaba escuchando y nutriendo su avidez de música.

No había nada anormal en el comportamiento del pequeño, ni un indicio de su genialidad, su carácter alegre y travieso era el mismo que el de un niño de su edad, solía realizar travesuras e ingerir golosinas hasta más no poder, pero al escuchar música su carácter se transformaba y parecía que lo arrastraban hasta el sitio de donde provenían las melodías.

Durante un tiempo estuvo muy interesado por las matemáticas, materia para la cual también tenía grandes aptitudes. Esto es bastante lógico, si nos ponemos a pensar que la música funciona gracia a ellas, pues los ritmos, notas y tiempos están medidos por las mismas.

Mientras tanto, la importancia de Leopold Mozart había ido *in crescendo*, había realizado numerosas composiciones, entre ellas ejercicios de contrapunto y música sacra, así como sinfonías, sonatas. Otras de sus obras fueron conciertos para varios instrumentos, música para obras de teatro, cientos de minuetos y *ballets* de ópera.

Pero quizá su obra más práctica y útil, fue sin duda, su Método de Violín publicado en el año de 1756, y el cual le valió para hacerse de muchos seguidores; su apreciación de la interpretación de este instrumento y su aplicación dejó de lado las minucias teóricas y abarcó de lleno las cues-

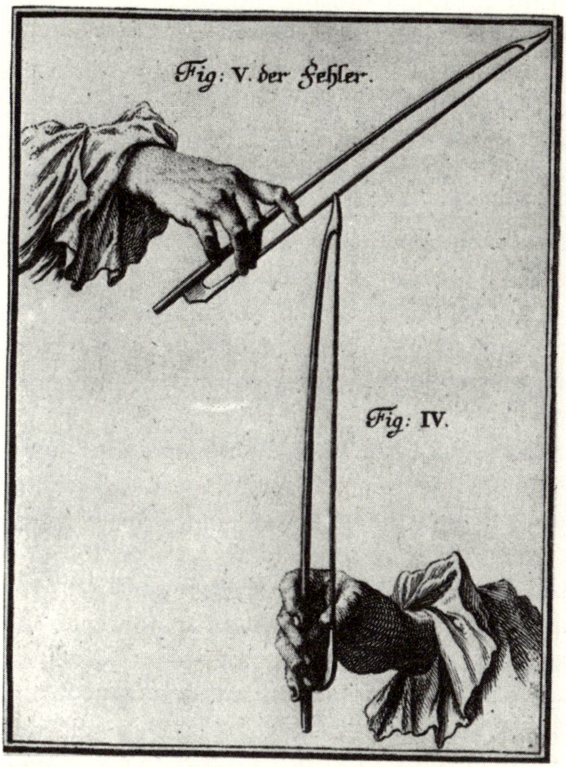

Página tomada del método para violín escrito por Leopold Mozart.

tiones musicales que muchos métodos anteriores habían dejado de lado, por lo que este valioso documento fue el predilecto de los aspirantes al dominio de este instrumento.

Es debido al gran talento y conocimiento de este hombre, que le resultó relativamente fácil poder apreciar la genialidad de su vástago y en un amoroso gesto propio de un padre, abandonó todas sus pretensiones de éxito y se limitó a ser el maestro de su hijo, además de fungir como una especie de representante artístico.

Sin embargo, seguía apoyando la educación musical de Marianne quien logró ser una excelente pianista, pero siempre se encontraría a la sombra de su talentoso hermano. Cuando Leopold descubrió la enorme calidad de su hijo, tomó con más seriedad su educación. Desde el comienzo de su enseñanza le hacía desarrollar complicados ejercicios y música igual de compleja, por lo que su tarea diaria consistía en escribir cuidadosamente las partituras que componía.

La genialidad de Wolfgang le permitió aprender, incluso sin la dirección de su padre, y aunque a los cuatro años de edad comenzó a recibir la enseñanza de su progenitor, él ya había fincado las bases de la misma por lo que las lecciones que su hermana recibía y las reuniones musicales en su casa fueron el aire que respiraba, convirtiéndose con el tiempo en su primer y más importante contacto con este bello arte.

A esa edad el pequeño Mozart ya había comenzado a dar señales de su faceta como compositor, sus primeras composiciones fueron piezas para el clavecín. Estas composiciones fueron reunidas por Leopold y publicadas en un álbum titulado *"Pour le clavecín. Ce livre appartient á Mlle. Marie-Anne Mozart"*. Esta obra vio la primera luz en el año de 1759. Estas composiciones las comenzó a realizar cuando tenía cuatro años y aun no sabía escribir las notaciones, por lo que Leopold tuvo que escribir él mismo las partituras.

Debido a lo anterior, un concierto escrito por el pequeño a esa edad se perdió en las tinieblas del tiempo, pero la forma en que nació es digna de mención, pues Wolfgang se hallaba tirado de panza en el piso y tenía frente a él unas hojas de papel pautado en las que había estado garabateando. Su padre se acercó curioso para ver qué era lo que había estado haciendo su hijo, al pedirle que se las enseñara comenzó a reír pues aquello sólo parecían unos cuantos garabatos, pero al poner atención en el fondo y sentido de esos garabatos, se dio cuenta del orden y sentido de aquellas notas esparcidas y borroneadas sobre las hojas.

Leopold comprendió lo que tenía frente a sus ojos y comenzó a llorar de emoción, aquellas notas estaban correctamente colocadas, pero la dificultad en la interpretación era prácticamente imposible. Entonces decidió preguntar al pequeño qué era aquello que había escrito, a lo que el niño contestó:

—Eso que tienes frente a tus ojos es un concierto.

—Pero -contestó Leopold- es imposible de interpretar.

—No, no es imposible, sólo que hay que practicar hasta que sea posible.

Este episodio nos da una clara idea de la genialidad del pequeño Mozart. Otro indicio nos lo da la facilidad que tenía para aprender, por ejemplo: cierta vez pidió a su padre que le obsequiara un violín, a lo que Leopold accedió, pero no tenía tiempo para darle lecciones, por lo que Mozart tuvo que ingeniárselas para aprender, y gracias a su tremenda intuición musical pudo dominar el instrumento en poco tiempo. Cabe decir que era su favorito y en él escribió sus obras más hermosas y emotivas.

Durante una de las sesiones musicales que se desarrollaban regularmente en su hogar y que eran protagonizadas por los amigos de su padre, el pequeño Mozart con violín al hombro, logró colarse hasta el grupo e insistió en tocar el segundo violín, a lo que su padre se opuso terminantemente, lo que provocó el llanto del pequeño. Aquel llanto logró conmover a los integrantes del cuarteto, por lo que pidieron al pequeño que comenzara su interpretación, cuán grande sería la sorpresa de Leopold al escuchar la interpretación de su hijo, que al darse cuenta del milagroso talento del pequeño rompió en llanto emocionado. La milagrosa demostración de Wolferl sucedió cuando apenas contaba con seis años.

Es quizás en este momento, cuando Leopold decide dar a conocer al mundo a su pequeño hijo, y a la vez lograr sacar partido de él al obtener algún beneficio económico; pero no sólo era el interés lo que lo movió a tomar esta decisión, también el orgullo de padre al mostrar al pequeño genio que era sangre de su sangre, su hijo. Además de que consideraba que Salzburgo no era el ambiente ideal para un portento como Wolferl, consideró necesario sacarlo de allí en busca de mejores horizontes.

Portada del citado Método para Violín, en la cual aparece el rostro de Leopold Mozart.

3

Las primeras giras de Wolferl

Como en todas las épocas, los niños con un gran talento siempre han causado sensación, por lo que el caso del pequeño Mozart no era la excepción; así que Leopold pensó en comenzar a mostrar al mundo la grandeza de su hijo, y dicho sea de paso, lograr sacar algún beneficio de ello. Aun no se vislumbraba el genio de Wolferl, pero su gran belleza física, así como su simpatía lograrían arrancar los suspiros de las cortes de todo Europa.

Las ambiciones de Leopold no se basaban en el talento de su hijo y la remuneración que recibiría por él, sino que también aspiraba a lograr obtener un puesto de mucha mayor categoría del que en esos días ostentaba. Además había que actuar con rapidez, ya que el tiempo corre y no detiene su paso. Con los años aquel pequeño dejaría de ser la sensación infantil de la música y pasaría a ser un joven más con aspiraciones pero sin alguna gracia.

El primer destino que pensó fue la ciudad de Munich donde se encontraba Maximiliano III. En ese lugar probaría suerte y dependiendo del resultado de su primera presentación, se instalaría allí o seguiría su camino hacia Viena. La idea general era poder hacer que su hijo causara la suficiente conmoción como para que los comentarios le precedieran al llegar a Viena. Las cortes eran el objetivo principal del plan de acción de Leopold, pues en su tiempo el único público que valía la pena eran lo miembros de ellas o los adinerados dueños de grandes mansiones quienes frecuentemente organizaban fiestas con el único propósito de resaltar en sociedad.

La vida de un músico no era nada fácil, pues los frecuentes viajes se realizaban por largos y difíciles caminos, además de que la única manera de poder sobrevivir era siendo admitido en la orquesta fija de alguna corte o mansión, en donde su situación carecía de dignidad y eran considerados iguales a un criado; tal era la situación de grandes músicos como Joseph Haydn, que en la casa húngara de Esterhazy vivía en condiciones muy restringidas.

Los caminos eran sumamente peligrosos y en la fecha que había previsto emprender su viaje las condiciones climatológicas eran sumamente difíciles, pues era invierno y las incesantes nevadas hacían el camino mucho más difícil, pero esto no le importó a Leopold, quien olvidándose del bienestar de su hijo decidió comenzar el viaje en esas condiciones, por lo que el 12 de enero de 1762 dejó Salzburgo para dirigirse a Munich.

Este viaje llenaba de emoción a los hijos de Leopold, tan sólo de pensar en las maravillas y lugares nuevos que estaban por conocer, sus corazones latían con más velocidad y sus sueños se llenaban de paisajes fantásticos, pero el pequeño Wolferl soñaba con auditorios repletos y grandes ovaciones. El concierto en Munich fue todo un éxito, el pequeño Wolferl apareció con hermosas ropas que fueron confeccionadas para la ocasión, además de que en su atuendo incluyeron una pequeña espada que daba cierta solemnidad al novel caballero.

Al situarse en su instrumento, sus manos parecían un par de palomas en pleno cortejo, la facilidad con la que improvisaba e interpretaba las obras que le presentaban logró dejar estupefacta a la concurrencia, y lo mismo sucedió en las posteriores presentaciones que realizó en algunos salones en los que recibió cuantiosos regalos. Su gusto por lo que estaba haciendo se reflejaba y lograba ganarse a la audiencia que se encontraba presente.

Tres semanas después de su partida, los Mozart regresaban a su hogar llenos de relatos y alegría, pero el resultado de este viaje sólo consiguió alimentar la ambición de Leopold, quien anunció que en otoño toda la familia viajaría a Viena. Mientras llegaba el momento de comenzar la nueva aventura, Wolferl se prepararía concienzudamente para mejorar sus interpretaciones, pero su padre había dejado de lado su educación musical que aún se encontraba bastante escueta, poniendo más énfasis en los malabares que realizaría su hijo al estar sentado frente al teclado. Por ejemplo, Leopold solía cubrir el teclado con una tela para ocultarlo a la vista de su hijo quien tocaba sin equivocarse una sola vez.

La fecha llegó y los Mozart salieron con rumbo a Viena pero en el camino se detuvieron a solicitar una audiencia con el obispo de Passau, quien tenía fama de ser un individuo bastante letrado en cuanto a música se refiere, por lo que Leopold consideraba que era una magnífica oportunidad de ganar un poco más de fama, pues el encanto y talento de su hijo conquistarían al célebre personaje, pero el destino habría de reservarle una amarga prueba.

Al solicitar la audiencia con el obispo, éste se negó pretextando que se encontraba muy ocupado, la realidad era que estaba cansado de los truhanes y músicos ambulantes que le buscaban; sin embargo, Leopold no cejaría tan fácilmente en su empeño, y tras haber esperado más de cinco días logró que fueran recibidos. Aquella presentación arrojó resultados más que desalentadores, pues el obispo casi ni puso atención a la pequeña Marianne, así como también ignoró a Wolferl. Al término de su actuación, el obispo les dio un ducado al igual que se lo daba a los bufones y amaestradores de animales, lo cual era bastante desalentador para ser el inicio de un viaje tan importante, no obstante los Mozart no se desanimaron y prosiguieron su viaje.

Al llegar a Linz la suerte les volvería a sonreír, pues al llegar a la casa del conde Schlick, éste les recibió con gran amabilidad. Cuando hubo llegado el momento de presentarse ante el público, las maravillas que lograban los pequeños deditos de Wolferl los conmovió, incluso hasta las lágrimas. Entre los asistentes se encontraban los condes de Palffy y Haberstein, quienes eran grandes conocedores de la música.

El impacto del talento de aquel pequeñín fue tal, que los condes antes citados prometieron hablar del niño prodigio ante la corte de Viena, y así lo hicieron, apenas habían llegado a dicha ciudad, acudieron ante el archiduque José, quien a su vez relató a su madre, la emperatriz María Teresa, todo lo que había escuchado sobre un niño cuyo talento sobrepasaba la imaginación.

Mientras tanto, los Mozart viajaban en una barcaza por el río Danubio, Wolferl sufrió un pequeño resfriado, pero eso no los detuvo al llegar a Ybbs, donde generalmente se hacia una escala para proporcionar al viajero un descanso de la travesía; en esa localidad se encontraba un convento franciscano que contaba con un hermoso órgano.

Fue en ese lugar donde se volvió a presentar el genio del pequeño Mozart, ya que al ver aquel majestuoso instrumento, no pudo contener su emoción y corrió a su encuentro como se corre al encuentro de alguien muy querido y que se ha dejado de ver por demasiado tiempo, apenas se había sentado frente a él, sus dedos comenzaron a volar acompañados por su sentimiento y juntos interpretaron e improvisaron hermosas melodías; los religiosos, quienes se encontraban disfrutando de sus precarios alimentos, acudieron a ver quién era el que producía tan bellas notas, y cuán grande sería su sorpresa al descubrir a un hermoso niño sentado ante aquel imponente monstruo de metal y madera.

Después de aquel incidente, Viena recibió a los Mozart el día 16 de octubre. Como era costumbre, los encargados de la aduana amenazaban con poner múltiples trabas a los recién llegados, sobre todo por el origen del clavecín, pero todo les quedaría sumamente claro cuando Wolferl tomó su violín y comenzó a "amansar" a las bestias con su bella interpretación, y tras haber disfrutado de aquel instante, ofrecieron disculpas y cesaron de revisar el equipaje para que pudieran continuar su camino, no sin antes elogiar hasta el cansancio al pequeño genio.

Tras haber proseguido su marcha, los Mozart llegaron al albergue de Boeuf Blane, donde descansarían y aguardarían las primeras invitaciones de las cortes y nobles que ya conocían la reputación del niño genio gracias a los condes Palffy y Haberstein, quienes tuvieron el honor de ser los primeros en recibir la visita de tan singular niño.

Estos personajes significaron para los Mozart la llave hacia la alta sociedad vienesa, pues apenas se presentaron en su casa, y recibieron múltiples invitaciones de más nobles, ya que de esa presentación fueron invitados a la residencia del conde Collalto, el vicecanciller Colloredo y la condesa Zinzendorff, por nombrar algunos. Todo este ajetreo le significó a Wolferl el ser una celebridad en unos cuantos días, pues en todos los salones vieneses ya era conocido y era considerado como el tema central de toda conversación.

Sin embargo, el palacio real parecía muy lejano todavía, y unos cuantos días después de haber llegado a Viena, los Mozart recibieron la invitación por parte de la emperatriz María Teresa para presentarse ante ella. Cabe mencionar que la emperatriz era una magnífica cantante y poseía una hermosa voz, y toda la familia imperial tenía gran afición por la música y solían dedicar como mínimo una hora diaria a su práctica.

Al momento de presentarse ante la emperatriz, Mozart se hallaba impaciente, así que emprendió el recorrido del trayecto que le llevaría ante ella. María Teresa era una mujer sumamente amable, por lo que cuando llegaron los Mozart al palacio, los recibió muy afectuosamente y los hizo sentir como si estuvieran en su propia casa. El pequeño Mozart se sintió tan contento con el recibimiento, que inmediatamente se sentó en las rodillas de la soberana quien le obsequió un sinnúmero de caricias.

El ánimo de Mozart era tan bueno que estuvo jugando con la familia imperial. Es en esos momentos, que se dice que tuvo un encuentro con María Antonieta, pues al correr en un salón cuyo piso se hallaba muy encerado, resbaló y cayó. La que sería reina de Francia se acercó a él y lo levantó consolándolo por su caída, a lo que Mozart respondió afirmándole a la emperatriz que cuando fuera grande se iba a casar con ella porque había sido buena con él.

Pero la inquietud de los asistentes era ya demasiada, querían constatar el por qué de la reputación de aquel niño. El emperador Francisco I, le pidió al pequeño que interpretara algo para ellos, Wolferl ni tardo ni perezoso se sentó al clavecín, y dejó salir la belleza que crecía dentro de él cuando de música se trataba. Los asistentes al convite no daban crédito de lo que estaban presenciando, la dificultad de su interpretación fue creciendo, e incluso presentó su acto del teclado oculto.

La demostración duró varias horas, hasta que la emperatriz dio por terminada la presentación del pequeño alegando que no debían fatigarlo, después de aquella visita los Mozart harían una buena amistad con la familia imperial y visitarían en repetidas ocasiones el palacio para convivir con ellos y pasar hermosas veladas llenas de música.

La emperatriz había quedado tan impresionada y conmovida con el talento del niño, sobre todo por su calidez y simpatía, que les hizo llegar hasta su albergue ropas para que pudieran presentarse ante los diversos públicos que iban a disfrutar de su arte. La popularidad de Wolfgang entre la sociedad vienesa había crecido a tal punto, que para poder invitarlo a algún festejo había que solicitarlo con más de una semana de anticipación, por lo que durante días las carrozas no cejaban de visitar el albergue en un interminable ir y venir.

El pequeño Wolfgang a sus seis años estaba siendo sometido a un ritmo de trabajo demasiado extenuante (incluso para un adulto), por lo que su padre se encontraba preocupado, desafortunadamente no podían declinar ninguna invitación, ya que hacerlo podría ofender a alguna de las poderosas e importantes familias.

Esta preocupación no era infundada como se vería días después, ya que posteriormente a la visita de la emperatriz, el pequeño Wolfgang comenzó a sentirse muy mal. Cuando su padre lo revisó, descubrió unas enormes manchas rojas en su piel, era escarlatina.

Tras cancelar todas las presentaciones que tenían pendientes, el médico personal de la condesa Zinzendorff fue el encargado de vigilar y restaurar la salud de Wolfgang, y una vez que se halló recuperado se topó con una desilusión, ya que las puertas que

El pequeño Wolfgang sentado al clavecín. Obra del pintor francés J. Siffrein.

antes le urgían su visita, ahora se le cerraban en las narices por temor al contagio de la escarlatina. El día de su cumpleaños Wolfgang recibió una enorme cantidad de obsequios, pero las puertas seguían sin abrirse, el ajetreo diario de días anteriores ahora sólo era un recuerdo.

Había llegado el momento de regresar a casa, por lo que Leopold había decidido viajar a Presburgo a pasar unos días y de allí a Salzburgo. El viaje se realizaría en etapas para no afectar la recuperación de Wolfgang. Se había comenzado a escribir la historia y leyenda de uno de los músicos más importantes en la historia; su talento y genialidad sería irrepetible.

4

Francia

La fama de Mozart había llegado lejos y el embajador de Francia se hallaba muy interesado en él. La posibilidad de conquistar Francia era sumamente tentadora, pero Leopold sabía que no debía forzar en esos momentos a Wolfgang, no podía poner en peligro el éxito que tanto anhelaba, por lo que dejó descansar al pequeño genio poco menos de seis meses.

El entorno artístico y social de la Francia de Mozart era propicio para el éxito del pequeño, pero existía una persona que iba a resultar básica en esta aventura, se trataba de un alemán nacido en 1723 y era una especie de punto de referencia para la formación del gusto artístico de los franceses, su nombre era Melchor Grimm. Leopold escribió una carta a este personaje presentándose, y de paso a su hijo, con la influencia de éste y con la recomendación del embajador francés, Leopold contaba con que el éxito estuviera asegurado.

Los seis meses previos a su llegada al país galo fueron dedicados a la exhaustiva preparación de Wolfgang, su padre le había hecho estudiar hasta el cansancio las partituras de los más célebres compositores franceses. Por fin, el día 6 de junio de 1763, la familia Mozart emprendió el viaje hacia Francia. Un contratiempo en la ciudad de Wasserburg sirvió para que el pequeño Mozart aprendiera más sobre el órgano; al romperse una de las ruedas del carruaje en esa localidad hubo que detener el viaje por un tiempo mientras la reparaban, momento que el niño genio aprovechó para acudir a la iglesia a tocar el órgano, y es ahí donde su padre le enseña el uso de los pedales. Sin embargo, la explicación resultó sólo un requisito, pues Amadeus ya lo había dominado antes de que su padre terminara su lección.

Al día siguiente salieron de Wasserburg hacia Munich, donde a su llegada se volvieron a encontrar con el príncipe Maximiliano, y se presentó en el castillo de Nymphenburg ante el duque Clemens de Baviera. Partieron a la ciudad de Ausburgo, ahí Leopold le presentó a su hermano, con cuya hija entablo inmediatamente una bonita amistad, el nombre de la prima era María Thekla.

Permanecieron en esa localidad por más de 15 días y dieron tres conciertos, para que el día 6 de julio reemprendieran su camino hacia Ulm. Después Ludwigsburg donde no pudieron lograr ser recibidos por el insufrible duque Carlos Eugenio de Wurttemberg, posteriormente siguieron hacia Schwetzingen, donde correrían mejor suerte que en la localidad anterior, pues el príncipe Carlos Teodoro se mostró muy diferente a su homólogo dándoles un excelente recibimiento.

En el castillo de ese lugar, Wolfgang ofreció un concierto que duraría más de cuatro horas y fue acompañado por la orquesta de Mannheim, la cual era muy reconocida, e incluso en nuestros días ese prestigio sigue vigente. Ese concierto marcaría para toda su vida a Mozart, pues la belleza de sus interpretaciones unidas a la maestría con la que esa agrupación ejecutaba los instrumentos sería la imagen perfecta de lo que para él debía ser la música.

Tras esa presentación, los Mozart siguieron su camino, esta vez el siguiente punto era precisamente Mannheim, pero decidieron hacer una parada en Heidelberg para después llegar hasta Francfort, donde Leopold se encargaría de la publicidad y asegurarse de que la presentación de sus hijos en esa ciudad fuera todo un éxito, tanto en lo artístico como en lo económico.

Y así lo fue, la noche de la presentación, la sala estaba repleta a pesar de que la admisión no era nada económica, ya que cada persona debía pagar un tálero; entre los asistentes se encontraba un poeta del que no se podía separar la polémica, su nombre era Wolfgang Goethe, quien años después recordaría haber asistido a la presentación de un hermoso jovencito ataviado con un traje y una pequeña espada.

El viaje prosiguió, y de Coblenza se embarcaron hacia Bonn, a su llegada continuaron por tierra hasta Colonia donde permanecieron por un corto tiempo, de hecho a partir de esa localidad, los viajes se harían más apremiantes y las estancias más cortas, todo eso se debía a las intenciones de Leopold de llegar a Bruselas y permanecer más de tres semanas en esa ciudad, ya que tenía promesas de importantes personajes de escuchar a sus hijos.

El 4 de octubre por fin lograron llegar a Bruselas, donde se hospedaron en el Hotel d´Anglaterre. Leopold tenía grandes expectativas sobre esa ciudad, pero no resultaría nada fácil, pues el príncipe Carlos de Lorena no los había querido recibir, pero tampoco podían realizar ninguna presentación o salir de la ciudad sin que él lo autorizara, por lo que su capital se estaba reduciendo dramáticamente; la familia Mozart viajaba atestada de obsequios, los cuales no podían ser vendidos o cambiados.

Después de un desesperante tiempo, el príncipe Carlos de Lorena se dignó a permitirles realizar una presentación, la cual resultó ser todo un éxito y les permitió desahogar su situación económica. Por fin salieron de esa ciudad llegando a la capital francesa el día 15 de noviembre, ahí fueron recibidos por el embajador de Baviera y el conde Van Eyck, hospedándose en el Hotel de Beauvais.

Era costumbre habitual que los músicos acompañaran los sucesos diarios de la vida de los franceses, igual tocaban en una reunión social que durante la hora de la comida, por lo que Leopold aceptó que sus hijos se presentaran en tales condiciones. Quizá en otro país le hubiera molestado y hasta indignado, pero ahora estaba en Francia y esas eran las costumbres, por lo que decidió dejarse llevar por ellas.

La persona que les dio la oportunidad de presentarse en esos banquetes fue un clavecinista del príncipe Conti, su nombre era Johann Schobert, quien sería un personaje muy importante para Mozart, pues ambos tenían gustos musicales afines, además de que el afamado clavecinista fue un verdadero protector del niño genio, pues había reconocido en él a un verdadero virtuoso pleno de talento.

El otro lado de la moneda llegaría a ser sin duda, Melchor Grimm, cuyo carácter advenedizo le hacía sacar partido de todo y de todos, por lo que al recibir la carta de un comerciante de Frankfurt en la que le encomendaba a los Mozart vio inmediatamente una oportunidad de sacar algún beneficio, no sólo buscaba obtener una remuneración, sino que a veces se conformaba con reconocimiento moral, por lo que al llegar la familia del pequeño genio el oportunista Grimm se apresuró a brindarles toda la ayuda posible, además de presentarlos a los personajes más importantes que él conocía.

Gracias a Grimm lograron ser invitados a un banquete de exhibición ofrecido en Versalles. Los Mozart se situaron junto al rey y su familia, conversaron con ellos y pudieron darse cuanta de la admiración que sentían por Wolfgang después de los conciertos que ofrecieron en esa ciudad. Leopold recibió una fuerte cantidad por la presentación que realizaron ante Luis XV.

Las invitaciones eran cosa de todos los días, una de las más importantes fue la de madame Pompadour, a quien en una muestra de afecto Mozart quiso dar un ósculo, a lo que ella se negó causando la indignación del pequeño hombrecito y le gritó:

"Quien se cree usted para rechazarme de esa manera, si hasta la emperatriz de Austria me ha besado."

El oportunismo de Grimm se vio reflejado al aconsejar a Mozart que dedicara a madame Victoire, quien era hija del rey, sus composiciones K.V.7 y K.V.8, y a madame Tessé, quien era la dama de honor de la hija del rey, sus composiciones K.V.9 y K.V.10. Estas obras habrían de imprimirse y los detractores del pequeño alegaban que dichas composiciones eran obra de Leopold y no de Wolfgang, pues la formación de éstas era demasiado desenvuelta para haber sido escritas por un niño de siete años.

A estas críticas, el orgulloso padre solía responder con una invitación a su residencia, en la que Wolfgang compondría una pieza a petición específica de los visitantes, además de tocar el teclado mientras estaba oculto por el

Madame Pompadour sufrió la ira del pequeño Mozart tras negarse a darle un beso.

paño. Todas estas demostraciones confundían a los críticos que atestiguaban el enorme talento del niño.

Tras la exitosa estancia en Francia había llegado el momento de seguir cultivando éxitos por toda Europa. El siguiente destino era la capital de Inglaterra, la nebulosa ciudad de Londres, donde Mozart sería sometido a una de las más duras pruebas a las que había sido sometido por parte de un detractor, el incrédulo escocés Daines Barrington.

5

Wolfgang en Londres

Los Mozart abandonaron Francia con rumbo a Londres, el viaje resultaba bastante caro, iban en diligencia, cruzaron Calais y el canal de la mancha hasta llegar a la capital inglesa, Leopold no sentía nada de afecto por los franceses debido a su fría apatía y los ingleses no serían la excepción; sin embargo, las expectativas que había colocado en esa ciudad eran sumamente optimistas.

Se estaba volviendo una costumbre el llegar a una nueva ciudad y poder constatar el intenso movimiento que en las altas cortes causaba el pequeño, quizá la ambición de Leopold nunca le permitió darse cuenta de la naturaleza divina del talento de su hijo, sólo lo podía ver como una fuente de ingresos y reconocimiento que él nunca logró por sí mismo; esto lo podemos verificar en la publicidad que mandó hacer para las presentaciones de Wolfgang, en las cuales se podía leer que el pequeño era "una maravilla de la naturaleza", como si fuera un borrego con seis patas o un monstruo salido de alguna leyenda.

Una de sus primeras presentaciones fue ante el rey Jorge III y su esposa Carlota, ambos eran verdaderos amantes de la música, por lo que cuando se presentó ante ellos fue el mismo rey quien iba pasando las hojas de las partituras mientras Wolfgang las iba interpretando, además de que acompañó a la reina al clavecín mientras ella entonaba melodías con su hermosa voz, finalmente interpretó al órgano varias piezas e improvisaciones, esto fue a petición del rey ya que era un verdadero amante de ese instrumento.

A raíz de ese concierto, la relación entre los Mozart y los soberanos ingleses se hizo más familiar, por lo que el día del cumpleaños del rey, Leopold organizó un concierto público en el que el pequeño Mozart improvisó variaciones sobre el himno inglés que enloquecieron a los asistentes, todo iba viento en popa, hasta que Leopold cayó enfermo.

Los conciertos cesaron y la familia tuvo que mudarse a una pequeña casa en Chelsea, en la cual tuvieron que permanecer por varias semanas. Leopold había hecho el compromiso de asistir a la residencia de lord Taneth, por lo que era necesario encontrar un carruaje que los transportara a ese lugar, pero debido a que era domingo no logró encontrar alguno, por lo que llamó a una especie de carreola en la que subió a sus dos hijos para que no estropearan sus ropas.

El camino hacia el lugar de su cita dio inicio, pero los responsables de empujar el carrito caminaban muy aprisa, Leopold quien no estaba acostumbrado a realizar grandes esfuerzos físicos iba transpirando profusamente, y cuando por fin llegaron a el lugar, la casa tenía todas las ventanas abiertas, por lo que el padre de Wolfgang sufrió un severo enfriamiento, y al regresar a su casa ya sufría los embates de una fuerte fiebre.

Durante su convalecencia, Leopold recibía varias visitas al día, entre ellas la más frecuente era la de un afamado violonchelista, Siprutini, quien era ateo y a quien el padre de Wolfgang se proponía convertir al catolicismo. Por otro lado, la falta de conciertos estaba menguando severamente la economía familiar de los Mozart, todos los nobles y personajes importantes se habían ido de la ciudad a pasar una temporada en el campo, como era la costumbre en esos días.

Las actividades se reanudarían hasta que el parlamento entrara en funcionamiento otra vez y eso sería hasta el

10 de enero, por lo que los nobles regresarían hasta esa fecha, por si fuera poco el rey retrasó las actividades dos meses. Sin embargo, el joven virtuoso realizó un concierto el 15 de febrero aunque el éxito fue relativo, debido a que muchos de los personajes todavía se hallaban en el campo.

El consejo de Grimm de dedicar sus composiciones a personajes importantes de la época volvió a ser aplicado por Leopold, esta vez fue la publicación "seis sonatas para clavecín", las cuales habían sido dedicadas a las reina Carlota, quien en agradecimiento le envió una afectuosa carta y 50 guineas. Sin embargo, la novedad del talento de aquel jovencito iba decreciendo, además de que el rey había caído enfermo, por lo que la vida social y cultural de Londres se hallaba prácticamente detenida.

Wolfgang Amadeus Mozart, ataviado con un traje de gala.

El beneficio económico que Leopold había anticipado no había sido como él lo esperaba; sin embargo, para el pequeño Mozart sí tuvo repercusiones muy intensas, ya que tuvo a bien conocer a Johann Christian Bach, quien era el último hijo de Johann Sebastián y que además era maestro de música de la reina. Este personaje había tenido una formación musical básicamente italiana, por lo que su influencia reveló a Mozart un nuevo enfoque sobre la composición.

La influencia de Bach es palpable en la obra del prolífico compositor, sobre todo en sus composiciones para piano, la sinfonía y el concierto. Pero fue en el piano donde comprendió la revolución musical que este nuevo instrumento traería. Otra gran influencia en el joven músico fue, sin duda, la del maestro de la reina Carlota, el alemán Karl Friederich Abel. Podemos constatar lo anterior en las obras compuestas en 1764 y que fueron dedicadas a la reina, K.V. 16 y K.V.19, en la que la huella del músico alemán era notoria.

Los Mozart dejaron Inglaterra debido a una invitación que recibieron por parte de la princesa Carolina de Nassau-Weilburg, la cual fue enviada por medio del embajador de Holanda, por lo que su partida se produjo el 1 de agosto de 1765. El viaje comenzó con dificultades, ya que en la ciudad de Lille, Francia, tuvieron que realizar una escala inesperada debido a que Wolfgang y su padre estuvieron enfermos. Este inconveniente se prolongó poco más de un mes.

Otro grave incidente sucedió en La Haya, pues Nannerl, la hermana de Wolfgang, cayó gravemente enferma de una congestión pulmonar. La gravedad de su enfermedad hacía suponer lo peor, e incluso llamaron a un sacerdote que le administró los santos óleos, los integrantes de esta familia se estaban hospedando en un cuarto de hotel que sólo contaban con dos habitaciones; mientras tanto, Leopold se hacía a la idea y trataba de preparar a su esposa e hijo para la muerte de su pequeña.

Un milagro parecía haber ocurrido, ya que cuando la enfermedad de Marianne se hallaba en un punto crítico, su salud comenzó a mejorar rápidamente, por otro lado las calamidades no se habían apartado de la talentosa familia, pues cuando Nannerl había recuperado su salud, la fiebre perniciosa se apoderó de Wolferl. La ajetreada vida que por dos años había llevado, por fin estaba cobrando la factura, su físico se hallaba sumamente cambiado, sus sonrojadas mejillas habían cambiado dramáticamente de color.

La música era lo único que lo mantenía unido a la vida, sus fuerzas habían disminuido notoriamente, y las pocas que le quedaban, las utilizaba para seguir componiendo sus ya memorables obras, pues durante este periodo compuso su obra K.V. 25, la cual era una serie de variaciones sobre un tema holandés, el *Wilhelmus.* La salud regresaba paulatinamente a él gracias a su ferviente pasión por la música, en este periodo también compuso seis sonatas para clavecín y violín, fueron las obras K.V. 23, K.V. 26 a la 31, todas éstas fueron dedicadas a la princesa Carolina, además de la sinfonía en si bemol K.V. 22.

Pero la salud y fortuna llegaban de nuevo a la vida de la familla Mozart, y una vez que ambos niños se hubieron recuperado, las actividades regresaron a su ritmo habitual, tomaron el camino largo hacia Salzburgo visitando las ciudades de Holanda que les iban quedando de paso, en ellas iban realizando conciertos casi sin descanso, esto es bastante reprochable, ya que Leopold se preocupó más del beneficio económico, que en la salud y bienestar de sus hijos.

París recibiría al genio y a su familia el 10 de mayo de 1766, esta vez el pequeño no levantaría la expectación que había levantado el año anterior, los parisinos lo veían con mucha más familiaridad, realizó varios conciertos y se presentó en Versalles. La expectación por ver al niño genio no fue la misma, y por lo mismo la respuesta económica no fue la esperada, por lo que Leopold decidió volver a emprender la marcha.

El nuevo destino fue Suiza, en este lugar permanecerían por poco más de tres meses, los éxitos musicales y eco-

El niño Mozart al piano. (Obra de Tadeo Helbling.)

nómicos no fueron notables, pero los aires de las montañas fueron sumamente beneficiosos para la salud de los pequeños. De allí se dirigieron a Donauschingen para visitar al príncipe de Furstenberg. El príncipe era un amante de la buena música, además poseía un excelente conjunto de música de cámara. La familia permaneció durante dos semanas en compañía del príncipe quien les tomó mucho cariño, ya que al partir la talentosa familia, el noble soltó un silencioso llanto.

El exigente ritmo de vida volvió a mermar la salud del joven compositor, pues al llegar a Munich sufrió de serias fiebres reumáticas que lo obligaron a permanecer postrado en cama por más de un mes. Las únicas fuerzas que le quedaban fueron para ofrecer un concierto al príncipe-elector, para después permanecer en cama sufriendo de sus fiebres. La actitud de Leopold sobre la salud de sus hijos es altamente cuestionable, pues en lugar de preocuparse porque sus hijos estuvieran sanos y contentos, se preocupaba más por sacar un beneficio económico, en pocas palabras, explotaba a sus hijos sin miramientos.

El pequeño genio trabajaba a un ritmo mucho mayor que cualquier músico adulto, además de que solía dedicar el poco tiempo libre que tenía a componer y practicar. Esta dedicación a su pasión fue la causa de que se convirtiera en uno de los músicos más importantes de la historia, pero también es posible que tanto esfuerzo acortara su vida.

Otro grave problema, fue sin duda, la explotación que sufría a manos de su padre, pues parecía más un agente artístico, que la persona que lo había traído al mundo. Los viajes y la falta de descanso a los que sometía a sus hijos los llevaría varias veces a estar cerca de morir, como lo vimos en este capítulo con Nannerl. Es imposible pensar que un padre que realmente ama a sus hijos los someta a semejantes cargas de presión y trabajo, en el caso de Mozart no era tan difícil para él soportarlo, pues amaba lo que hacía, pero aún así las jornadas laborales del pequeño eran sumamente agotadoras.

6

La fortuna regresa a la familia Mozart

Los Mozart regresaron a Salzburgo, los profesores de Wolfgang se fueron y su educación musical quedó en manos de su padre, además de que el mismo Leopold se ocupó de su educación académica. El trabajo ahora era mucho más intenso y Wolferl lo aceptaba con sumisión. El pequeño genio era un niño sumamente obediente, su padre ordenaba y él cumplía sin poner alguna objeción, incluso si sus tareas diarias ya habían sido realizadas y su padre le ordenaba volver a empezar, él lo hacía sin decir una sola palabra, tan sólo porque su padre lo había ordenado.

Desde su regreso a esta ciudad, Leopold se había empeñado en enseñar a su hijo todo lo concerniente al contrapunto. El ambicioso padre se había dado cuenta que el tiempo de su hijo como "niño fenómeno" se estaba acabando, por lo que decidió concentrarse en la preparación musical de su hijo. Ahora lo hacía practicar las partituras más difíciles y complicadas.

Tras un arduo entrenamiento, el 12 de marzo de 1767, el pequeño Mozart dirigió su oratorio sobre el primer mandamiento, mejor conocido como K.V. 35, y tres meses antes había interpretado su K.V. 36. Ese año Wolfgang compuso, por orden de Michael Haydn, quien era hermano de Joseph Haydn, su obra *Apollon et Hyacinthe* (K.V. 38), y la cantata *Música fúnebre* (K.V. 42).

El avance musical de Wolferl era notable, y el orgulloso padre estaba ansioso por acudir a Viena a mostrarlo. Aprovecharía la boda de la archiduquesa María Josefa y Fernando, rey de Nápoles, para poder presentar a su hijo. Durante su anterior visita a esa ciudad habían hecho buenas amistades con personajes importantes de la sociedad vienesa, por lo que había grandes posibilidades de que le encargaran alguna obra a su genial hijo; además era primordial que estuviera presente en el concurso que se realizaba entre los compositores para tal efecto.

La etiqueta de niño prodigio desaparecería, esta vez se presentaría como compositor y sinfonista, por lo que acompañado de una carpeta que contenía sus obras, él y su padre emprendieron el viaje hacia Viena el 11 de septiembre de 1767. El viaje estuvo lleno de las pequeñas visitas que solían realizar a las iglesias, donde Mozart interpretaba al órgano de las mismas algunas de sus obras, haciendo las delicias de los asistentes.

Pero Viena les reservaba una amarga sorpresa, ya que después de haber llegado y haber sido recibidos maravillosamente, habrían realizado varias exitosas presentaciones, una tragedia empañaría la felicidad que les embargaba, la archiduquesa María Josefa sufriría de viruela y la enfermedad le causaría la muerte. Por otro lado, la violencia haría su aparición en la capital austriaca, llenando de horror y confusión aquella localidad, lo mismo que a sus habitantes y distinguidos visitantes que habían llegado hasta ella para asistir a la boda que se realizaría unos días después.

Leopold alejó a sus hijos de Viena, por lo que los mandó a Olmutz, donde se hospedaron en los aposentos del conde Podstedsky, pero aún así la viruela alcanzó a Wolfgang, quien tenía el rostro desfigurado y la huella de la enfermedad permanecería en su rostro por el resto de su vida. Su rostro se hallaba en tan mal estado, que no podía abrir los ojos. Sin embargo, habría de salir airoso de la enfermedad, y el 10 de enero de 1768, su salud le permitió ser llevado de regreso a Viena, donde la epidemia había terminado y no había ya peligro alguno.

La música volvió a ser la milagrosa medicina que lo ayudó a superar esa enfermedad, ya que ansiaba recuperarse para poder volver a sus composiciones, esto lo demuestra el hecho de que apenas pudo volver a abrir los ojos, compuso la obra K.V. 43, se trataba de una sinfonía en fa mayor. El ánimo en Viena había cambiado, nadie tenía ganas de escuchar cosas serias, preferían reír con las comedias populares que se estaban presentando, es posible que en su afán de olvidar lo que acababa de suceder utilizaran la risa como una droga que los transportaba fuera de su realidad.

Estas circunstancias molestaban a Leopold, pues sus presentaciones eran casi nulas, además de que a su regreso a la capital austriaca se habían presentado en la corte, pero la emperatriz no tenía humor para música, de hecho se había aislado de la vida pública y no asistía más a la opera o al teatro, mucho menos deseaba recibir músicos en su casa. La emperatriz había caído en una profunda depresión al quedar viuda, por lo que abdicó a favor de su hijo José II, quien tenía la firme idea de economizar para poner orden en el Estado. Esto significaba que los músicos que eran asistidos por su madre dejarían de recibir los beneficios de su trono.

Lo anterior ocasionó una profunda molestia en Leopold, quien se sentía menospreciado por José II, pero aún así eran varios los nobles que seguían interesados por el niño genio, aunque en esos momentos nadie lo podía ayudar; Leopold le imputaba la culpa a los músicos de esa localidad que celosos del talento de su hijo se las habían arreglado para que todos les voltearan la espalda, lo cual estaba muy lejos de ser verdad.

La verdad era que el emperador sí estaba interesado por el talento del jovencito, pero debido a todos los problemas que tenía en la cabeza, no había podido darse tiempo para recibirlo. Cansado de las intrigas y los chismes que escuchaba decidió encargarle a Wolfgang una ópera. Leopold se encargó entonces de lograr los favores de varios personajes que serían muy valiosos para la obra, se trataba del italiano Giuseppe Afligió, quien era director de los dos teatros de Viena y de Marco Coltellini, libretista.

Mozart compuso *La Finta Simplice*, que si bien no era de sus mejores producciones, sí excedía los estándares de las obras de aquellos días. Debido a esto, debería de haber sido una de las obras favoritas de ese entonces, mas sin embargo no fue así, inexplicablemente la obra fracasó. Así pues, el fracaso de la obra se debía a la influencia de varios compositores, ya que se habían encargado de menospreciar el trabajo de Mozart, además de que los músicos de la orquesta alegaban que no les agradaba que un niño los dirigiera.

Mozart estaba sufriendo por el fracaso de su obra, cuando el emperador para consolarlo le hizo otro encargo, se trataba de una misa solemne con la que se consagraría una nueva capilla, la obra se llamaba *Waisenhaus Mece* (K.V. 49). Este trabajo gustó tanto, que le fue encargado otro más, pero ahora "el cliente" sería el famoso creador del magnetismo, el Dr. Mesmer, quien había hecho instalar en su jardín un teatrillo al aire libre, por lo que quería que fuese interpretada en ese lugar.

Mozart se dio a la tarea de crear la obra requerida, el resultado se llamó *Bastien et Abstiene* (K.V. 50), y fue estrenada el 1 de octubre de 1768, siendo todo un éxito; sin embargo, su obra *La Finta Simplice*, sería representada en Salzburgo en cuanto él regresara. El príncipe-arzobispo había pedido que se realizara la presentación en su cumpleaños el 1 de mayo de 1769, para lo cual se había habilitado un pequeño teatro en el palacio episcopal, la representación fue todo un éxito y logró recomponer el quebrantado ánimo del compositor.

Las siguientes composiciones de Wolfgang fueron la K.V. 49, la cual se trataba de una misa en sol mayor; la K.V. 65, misa en re menor; K.V. 66, misa en do mayor y que es la famosa *Messe Pater Dominicus,* dedicada a Dominikus Hagenauer, amigo de Wolfgang, y quien además era hijo de un gran amigo de su padre; Dominikus había recientemente tomado la decisión de convertirse en religioso.

Cuadro de autor desconocido donde se aprecia al pequeño Wolferl sentado junto a su padre.

7

La beneficiosa influencia italiana

A los 13 años, Mozart había recibido una preparación bastante buena, pero nunca podría asemejarse a lo que encontraría en el país que en lo musical llevaba la delantera y marcaba el ritmo a seguir en toda Europa: Italia. Leopold sabía de la naturaleza de la música italiana, así como la beneficiosa influencia que resultaría para su hijo, es por eso que lo llevó a ese país con el deseo de completar su formación, y que algún día se convirtiese en un virtuoso.

Durante el viaje, el joven compositor pasaba largas horas escribiendo, la necesidad que sentía por componer era tan grande, que aprovechaba cualquier lugar o circunstancia para hacerlo. En cuanto cruzaron la frontera de Italia fueron reconocidos y alabados por doquier que pasaban. El largo recorrido se interrumpió en la ciudad de Rovereto, su llegada se produjo en la nochebuena, por lo que fueron recibidos con gran afecto por varios de los músicos más célebres de la localidad.

Esa noche se hallaba reunido el pueblo para la misa de gallo, la cual fue interrumpida por una multitud que venía vitoreando al niño genio, lo llevaron hasta el coro donde se hallaba un hermoso órgano en el cual improvisó e interpretó algunas de sus obras, el resultado fue el entusiasmo general. Los días siguientes ofreció varios conciertos que resultaron ser todo un éxito.

Los habitantes de esta localidad realmente amaban a Wolfgang, por lo que varios artistas pintaron su retrato y hasta le compusieron sonetos. Mientras tanto, en sus presentaciones las ovaciones eran enardecidas, sus manos volaban sobre el teclado y las cuerdas del violín con tanta rapidez, que los asistentes se quedaban con la boca abierta.

La facilidad con la que interpretaba e improvisaba cualquier obra hizo que se crearan varios mitos sobre su talento, los italianos pensaban que se debía a un hermoso anillo que llevaba en la mano izquierda, pensaban que de esa joya emanaban poderes místicos que le permitían ejecutar esas maravillosas piezas musicales.

Wolfgang compuso cuatro arias para el concierto de Metastasio, su composición *El Misero Me* (K.V. 77) y *El Per pietá, bel´idol mío* (K.V. 78), las cuales fueron reconocidas como algo delicioso para el oído. El día de la presentación llegó, y el público abarrotó el teatro con el morbo de ver al niño de 14 años dirigir su propia orquesta, y por cierto, lo hizo con gran maestría.

Durante un año y tres meses los Mozart permanecieron en Italia, y los elogios se convirtieron en cosa de todos los días, el mismo Papa Clemente XIV le brindó la condecoración de la Orden del "Espolón de Oro", que era un gran reconocimiento, pero para el pequeño sólo era un juguete más que añadía a su colección.

Otro gran reconocimiento que recibió, fue el otorgado por la Academia Filarmónica de Bolonia, la cual le brindó el nombramiento de *Compositore*. Para lograr esto, se valió del afecto que le tenía el padre Martín, pues debía pasar una difícil prueba, la cual sólo podría presentarla cuando alcanzara la edad adulta; sin embargo, debido a su gran talento hicieron una excepción, y tras un breve examen le otorgaron dicho nombramiento.

En la ciudad de Florencia fueron recibidos con gran emoción por el futuro emperador Leopoldo II, quien fue agasajado con un concierto que ofreció el novel compositor en el palacio Pitti. El trato que recibieron en esa ciudad fue tan agradable, que el padre de Wolfgang deseaba haber nacido y morir en ese lugar. En cambio, Nápoles les desagradó sobremanera, además de que el rey era un patán, según las palabras del mismo Leopold, pues estaba acomplejado por su corta estatura y solía menospreciar a todos los que le rodeaban.

Pero al llegar a Roma, la felicidad regresó a sus días, pues los nobles romanos les recibieron con gran alegría y peleaban entre ellos para darles alojamiento. En esa ciudad acudieron a la Capilla Sixtina, donde escucharon al coro interpretando la *Miserere,* del compositor Allegri. Wolfgang quedó encantado por aquella pieza y solicitó una copia de las partituras, la cual le fue negada, pues deseaban reservarse la exclusividad de esa pieza, pero la maravillosa memoria de Wolfgang logró volver a sorprender a todos, pues al llegar a su casa se sentó y de memoria escribió la obra que acababa de escuchar.

El viaje por la provincia italiana continuó, de Roma fueron a Turín y de allí a Venecia, donde se divirtieron con el carnaval. Después de unos días se dirigieron a Padua, donde ofreció un concierto. Al término del concierto le fue encargada otra pieza, esta vez sería una obra del tipo sacro sobre el libreto de Metastasio intitulado *Betulia liberata.* Apenas se lo habían pedido, el joven compositor se puso a trabajar. La ansiedad que le producía la creación de una nueva obra le hacía componer rápidamente, pero aún así no pudo terminarla hasta el verano siguiente, cuando por fin pudo regresar al lugar que lo había visto nacer, Salzburgo.

Sin embargo, el regreso a su hogar no significaba descanso, sino todo lo contrario, ya que empezó a trabajar en todos los encargos que le habían hecho en su reciente visita a Italia. El prestigio que había alcanzado en dicha visita había llegado a oídos de los nobles austriacos. Medio año después de su llegada, la Hofburg envió una invitación a Wolfgang para que escribiera una ópera que debía presentarse durante la boda de la princesa Beatriz de Módena y el archiduque Fernando.

La ópera se titularía *Ascanio in Alba*, por lo que se trasladaron a Milán. La estancia en ese lugar resultaría bastante difícil para el joven compositor, pues estaba repleto de músicos y todos ellos tocaban sus instrumentos todo el día, además de que la composición de esta obra suponía una franca competencia con el autor previo, el alemán italianizado Johann Adolf Hasse, quien en los inicios de Wolfgang había sido una gran influencia.

El mismo día en el que se iba a presentar la obra de Wolfgang, también se iba a presentar una obra de Hasse, pero tras la presentación de ambas, la vencedora fue indudablemente la de Wolferl. Acto seguido, regresaron a Salzburgo el mes de diciembre, Mozart siguiendo su costumbre, apenas había llegado se puso a trabajar en su nueva composición, se trataba de una nueva sinfonía, la K.V. 114.

Una gran influencia con la que contó el joven compositor durante sus visitas a Italia, fue sin duda la del padre franciscano Giambatista Martín, el cual escribió un tratado sobre el contrapunto publicado en Bolonia en el año de 1774, quien gracias a su experiencia en el tema anterior, pudo orientar los pasos del talentoso niño.

Ambos tenían un interés en común aparte de la música, pues ambos se sentían atraídos por las matemáticas, ambos comprendían que en la música se encontraban los secretos de la más exacta de las ciencias. Durante sus visitas a Italia, su producción musical se incrementó grandemente, pues en esos viajes escribió más de 30 temas, aunque muchos no los conocimos y se perdieron.

Podemos afirmar que Italia fue la etapa en la que se acabó de forjar el carácter musical del joven compositor, que sin darse cuenta se había convertido en un virtuoso, pues en esas visitas logró sacar toda la riqueza emotiva que llevaba dentro de sí, y que quizá la dureza del trato paterno de Leopold le había logrado reprimir.

8

El regreso a Salzburgo

Mozart y su padre regresaron a Salzburgo el 16 de diciembre de 1771, y de acuerdo con su costumbre, se entregó al trabajo en cuerpo y alma. Al poco tiempo compuso su obra K.V. 114, pero caería gravemente enfermo nuevamente, quizá por el ajetreo y exigencias físicas de los viajes. Otra noticia volvería a ensombrecer el panorama, no sólo para Wolfgang, sino para todos los músicos de Salzburgo, y es que el arzobispo Schrattenbach había fallecido.

El tema de conversación en los círculos culturales de Salzburgo era quién sería el sucesor, pero para desgracia de muchos de ellos, entre los cuales contamos a los Mozart, el sucesor sería el nefasto conde de Colloredo. Para este acto eclesiástico le fue requerida a Mozart una composición para ser interpretada en la toma de posesión del conde.

La composición estaba basada en *Il sogno di Scipione*, catalogada con el número K.V. 126, pero el resultado fue totalmente desastroso. Fue considerada una de las peores creaciones del joven compositor, lo que desató la ira del nuevo prelado, quien se encargaría de proporcionar innumerables dolores de cabeza a los Mozart.

Por lo que Leopold decidió volver a Viena, aunque no todo fue negativo en Salzburgo, pues durante esos días compuso varias sinfonías, K.V. 124, K.V. 128, K.V. 129, K.V. 130, K.V. 132, K.V. 133 y K.V. 134. Este trabajo nos indica lo interesado que el genio estaba en la forma sinfónica, además de su estudio sobre los instrumentos y la línea melódica.

Al llegar a Viena, Leopold solicitó a la emperatriz una audiencia, pero ésta se negó. Leopold no aceptó la negativa e insistió hasta el cansancio, por lo que la soberana montó en cólera y ordenó que no volviera a ser recibido, ya que ella no toleraba a los mendigos. Además de que el comportamiento del padre de Wolferl no era la de un caballero, era un hombre sumamente colérico y conflictivo.

Debido a esto viajó a Italia para tratar de que el hijo de la emperatriz, Fernando, le contratara de fijo en su corte, pero la influencia de la emperatriz se dejó sentir en su hijo y éste optó por no contratarlo. Este nuevo golpe afecta no sólo a Leopold, sino también a su hijo, quien lo refleja en un periodo de introspectividad reflejado en sus cuartetos milaneses (K.V. 156 al 160).

Estando en Italia le hicieron un nuevo encargo, se trataba de una tragedia, que habría de olvidar sus hasta algún tiempo atrás, "mal formadas" composiciones, para realizar mejores obras, esta obra era la de *Lucio Sila* (K.V. 135). La puesta en escena se produjo el 26 de diciembre de 1772; como dato adicional, podemos decir que la obra se puso y repuso más de 20 veces.

Los Mozart regresaron a Salzburgo donde la inquietud creativa de Mozart lo lleva a componer cinco sinfonías, todas ellas plenas del estilo italiano, pero la influencia de Joseph Haydn lo llevó a adoptar el estilo galante, lo cual podemos apreciar en las obras K.V. 168-173. Mucho se ha comentado que Mozart en sus inicios era un vil imitador, pero qué músico y sobre todo de esa edad no ha reflejado en su obra la influencia de algún personaje que le ha impactado.

La fijación por este estilo la vino a reforzar el hermano de Joseph, Michael Haydn, quien se convertiría en amigo y confidente de Wolfgang, a lo que Leopold no reaccionó favorablemente, pues sentía que comenzaba a perder poder sobre su hijo. Es bajo la influencia de este personaje, que compone algunas de sus más reconocidas obras, las sinfonías K.V. 200; 183 en sol menor; K.V., en do mayor; K.V. 201 en la mayor.

La necesidad de componer ya era incontenible en el joven músico, por lo que en esa inquietud vierte sus ansias en un primer concierto para piano, el cual resulta ser una pieza llena de genialidad. Los esfuerzos de Wolfgang por aprender y dominar cualquier corriente y categoría musical, lo llevaron a ser reconocido y tomado como parámetro por los demás músicos, pues a partir de él habrían de reformarse.

La vida en Salzburgo fue muy opresiva para Wolfgang, pues el nuevo arzobispo le hacía la vida imposible, además de que no le permitía la misma libertad que su antecesor, pues recordemos que el conde de Colloredo era el nuevo pro-

El arzobispo de Colloredo. (Obra de Franz Xaver König.)

veedor de trabajo, y como tal, aprovechaba la situación para entrometerse en las composiciones del joven músico. Esta situación ya tenía harto a Mozart, pues si algo adoraba era la libertad, no sólo en su vida, sino también en sus composiciones.

Pero aún así, el genio del joven salzburgués no se opacó, sino que adoptó tonos tolerantes, que reflejaba la amargura que estaba llenando su alma, por lo que su padre decidió ir a probar suerte de nuevo a Viena, aunque la actitud de la emperatriz no había cambiado en lo absoluto.

El encargado de la vida de la corte ahora era José II, pues su madre le cedió el cargo tras la muerte de su esposo. En ese mismo tiempo había fallecido el maestro de la capilla, por lo que Wolfgang presentó su deseo de tomar ese puesto, hecho que le fue negado y otorgado a Joseph Bonno, quien tenía 70 años y mucha mayor experiencia.

Esto no sería un impedimento para el desarrollo musical de Mozart, pues le fue encargada una obra por Maximiliano III, quien deseaba una composición para el carnaval de Munich; Leopold pensó que ésta sería una oportunidad de echar raíces en esa ciudad y dejar la vida de viajes y penurias.

Se dio a la tarea de componer *La Finta Giardiniera* (K.V. 196), obra que se estrenó el 14 de enero de 1775, y fue todo un éxito, pero aún le faltaba algo. Es posible que las experiencia vividas por un adolescente no fueran las suficientes para poder imprimir en una obra el dramatismo necesario, por lo que podemos calificarla como un embrión al que aún le falta desarrollarse para llegar a ser un ser completo.

El éxito de la obra hacía pensar a los Mozart que por fin serían acogidos por el príncipe, pero estaban muy lejos de cumplirse sus añoranzas, pues Maximiliano III era igual de tirano con sus subordinados que el conde de Colloredo, por lo que decidieron regresar a Salzburgo.

El destino le tenía reservado más trabajo para aquel noble, pues cuando el hijo de la emperatriz, el archiduque Maximiliano anunció su visita a la ciudad natal de Mozart, Maximiliano III le encargó una obra para que fuera interpretada mientras el noble entraba a la ciudad. Este nuevo encargo también estaba basado en la obra de Metastasio, se trataba de *El rey pastor* (K.V. 208). Esta obra no corrió con tanta suerte como la anterior, pues la calificaban de estar excesivamente influenciada por la obra de Schobert.

El prestigio que los diversos viajes por toda Europa le habían otorgado, le hicieron visitante habitual de todas las tertulias en las casas de los nobles de su ciudad natal. Esta actividad le exige mayor creatividad, lo cual podemos apreciar en las obras *Serenata Haffner* (K.V. 250), *Las músicas nocturnas Lodron* (K.V. 247 y 248) y el *Concierto para piano en mi mayor* (K.V. 271).

Colloredo hace valer su poder como prelado y exige nuevas obras al menospreciado compositor, le ordena composiciones inéditas para sus actores religiosos, por lo que Mozart se da a la tarea de componer *La Misa del Credo* (K.V. 257), *La Misa Brevis* (K.V. 258) y *La Litanie de Venerabili Altaris Sacramento* (K.V. 243).

Es en este periodo, que el genio de Wolfgang llega a su madurez, aunque el prelado Colloredo lo sigue tratando con suma indiferencia y hasta desprecio, pero esto no le importaba mucho al joven, pues la sociedad salzburguesa estaba embebida con su música y eso era lo que él necesitaba, sentir que su trabajo valía la pena y era reconocido por los que realmente lo entendían.

Mientras tanto, Leopold dirige sus esfuerzos en escribir cartas a todos sus amigos extranjeros para que se compadecieran de ellos, pues la situación que vivían en esa ciudad era ya intolerable, por lo que esperaban que alguno de ellos los sacaran de la ciudad lo más pronto posible.

Leopold también temía que el resto de Europa se olvidara de su hijo, pues ya habían pasado más de cuatro años sin salir de aquella ciudad que los tenía presos en una jaula de oro, por lo que decidió que había llegado el momento de salir de allí y volver a recorrer los sitios que tantas satisfacciones les habían dado, además de refrescar la memoria a todos aquellos que habían admirado y alabado al niño genio.

Antes de salir tenían que pedir autorización a Colloredo, por lo que haciendo gala de toda la delicadeza de la que era capaz, Leopold escribió una carta con su solicitud al prelado, y tras aguardar impacientemente la respuesta, sufrió una seria desilusión al encontrar en la misiva una rotunda negativa, alegando que la presencia del padre de Wolfgang en la corte era imprescindible.

Mozart había quedado libre de aquella negativa, por lo que él sí podía viajar, pero nunca lo había hecho solo, así que si lo hacía no tenía ni una idea de que era lo que iba a pasar. Pero en un arranque de coraje por la negativa de Colloredo, Wolfgang decide presentar su renuncia al cargo

Imagen de la Catedral de Salzburgo desde donde el arzobispo Colloredo hacía valer su poder.

de maestro de conciertos. Cuando Colloredo recibió la carta montó en cólera, y ordenó que se marcharan el padre y el hijo a buscar fortuna en otra parte.

Leopold recibió con angustia la noticia, aunque Colloredo le anunció que podía seguir en su puesto hasta que él le anunciara lo contrario, y frecuentemente reclamó a su hijo el arranque por el que había actuado. Pero Mozart estaba decidido a salir de esa ciudad, por lo que acompañado de su madre se adelantó lleno de deseos de nunca volver a ese lugar.

9

De nuevo en los caminos

Tras la partida de Wolfgang, Nannerl y su esposa, Leopold había quedado solo en su casa, era la primera vez que vivía esta situación, y a su hijo le pasaba lo mismo, extrañaba a su compañero de viajes, pero la decisión estaba tomada y se hallaban ya en camino hacia Munich.

Wolfgang decidiría por sí solo cuáles serían las acciones a seguir. Su madre le acompañaba, pero su rol sería solamente la de protectora y encargada de los detalles mínimos de la vida diaria de su hijo. Aún así no estaba del todo solo en sus acciones, pues Leopold le escribía largas cartas con instrucciones en las que le daba recomendaciones y sugerencias que resultaban sumamente útiles para el joven compositor.

La ausencia de la figura paterna daba a Wolfgang renovados bríos, se había librado de un pesado lastre, se hallaba contento y lo demostraba. Sin embargo, no sabía nada del valor del dinero y su economía le daría problemas durante toda su vida, pues su padre siempre se había encargado de la administración y Mozart no sabía un comino de cómo manejar sus finanzas.

Por fin, el 24 de septiembre llegaron a Munich, donde esta vez no hubo un recibimiento como en ocasiones anteriores. Lograron hospedarse en un albergue llamado "El Águila Negra"; el dueño de aquel lugar era un buen hombre, que en cuanto reconoció al jovencito, le estrechó en

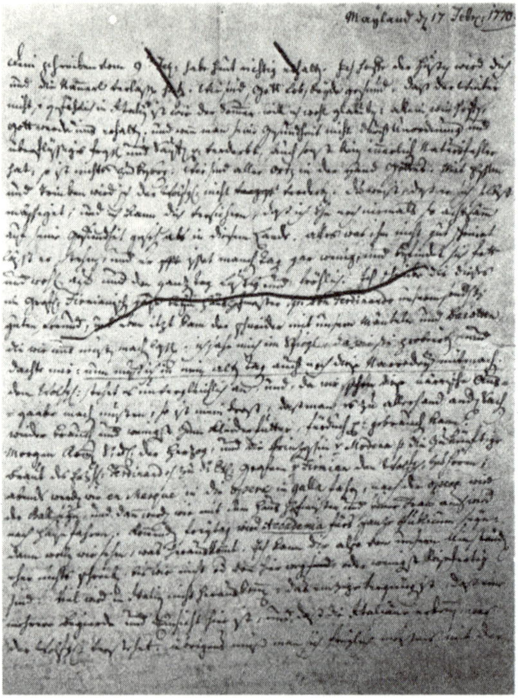

Reproducción de una carta de Wolfgang a su madre; eran ocasionales y tan sólo para comentar los pormenores de cada viaje.

sus brazos y entre grandes muestras de alegría lo instaló, y además le puso en su habitación un clavecín y papel pautado, pues según él, aquel genio debía tener todo lo que necesitara.

Este personaje tomaría gran importancia en la vida de Wolfgang, pues cuando los intentos por abrirse paso fracasaban, era "el archiduque Alberto" (como lo llamaba afectuosamente Mozart) quien le alentaba y guiaba sus pasos hacia algún ingenioso plan para lograr su objetivo.

Wolfgang tenía la esperanza de ser acogido por el duque de Seeau, quien era director musical de la corte, el cual le proporcionaría 200 florines, y que después de muchas entrevistas sólo le había dado pretextos, además de que desde el primer día de su llegada intentó entrevistarse con él, pero había salido de cacería y en los días posteriores no podía recibirlo.

Cuando por fin consiguió la audiencia, el conde le aconsejó que fuera a ver al príncipe, por lo que ése fue su siguiente paso y se hizo acompañar del conde Zeil, quien durante una cena pudo hablar con el príncipe, pero sus palabras resultaban muy lejanas de ser buenas noticias, pues pensaba que aún no tenía los suficientes méritos para estar en su corte, quería que fuera a Italia y se hiciera famoso antes de regresar a solicitar su apoyo.

Pero lo que realmente necesitaba era entrevistarse personalmente con el príncipe, por lo que gracias al violonchelista Woschitka logró ver al noble personaje. Cuando se encontró con él, le externó sus deseos de formar parte de su corte, a lo que respondió que le dijera las causas por las cuales había abandonado definitivamente Salzburgo, y Mozart comenzó a explicarle su situación y cómo se sentía.

Mozart le relató todos sus logros y obras, esto no impresionó al príncipe, quien sólo se limitó a decir que todo eso era muy bueno, pero que en ese momento no había vacantes. Las razones para permanecer en esa ciudad se habían esfumado, bueno, casi todas, ya que la cantante María Thekla estaba en ella, y Mozart sentía algo muy profundo por su persona.

Aquella jovencita era en realidad su prima, y él estaba confundido sobre sus sentimientos hacia ella, pero en el fondo sabía que la amaba; ésta no sería la única vez que amaría a alguien, pues otra mujer importante en su vida fue Aloysia Constance. Tuvieron que alojarse en el albergue "El Cordero", ya que el padre de María Thekla no tenía sitio en su hogar para hospedarlos.

En ese lugar pudo conocer a Stein, el fabricante de pianos, quien era un músico apasionado, además de que le brindaba los medios para experimentar con este nuevo instrumento que estaba destinado a sustituir definitivamente al clavecín. En Ausburgo ofreció varios conciertos con gran éxito, pero poco beneficio económico, por lo que decidieron reemprender su viaje hacia Mannheim.

Wolfgang había conocido al príncipe de Ottingen-Wallerstein durante un viaje en su infancia a Nápoles, por lo que confiaba que los acogiera y permanecieran definitivamente en su castillo, pero el noble estaba enfermo, además de que su corte no era muy numerosa, por lo que aunque lo deseaba no podía darles empleo definitivo. Aún así, su influencia sobre el príncipe de Baviera y el del Palatinado fue determinante, por lo que su ayuda podía ser altamente beneficiosa.

Viendo frustrados sus sueños, siguieron sus pasos hacia Mannheim, donde tenía intención de ingresar a la prestigiosa orquesta de la ciudad. En esa orquesta conoció a varios excelentes músicos, pero también conocería a un nefasto personaje, el abad Vogler, quien sería muy perjudicial para su carrera, pues el abad era una persona sumamente envidiosa y además lo menospreciaba, y por si fuera poco, los demás músicos de la orquesta lo repudiaban.

El príncipe Karl Theodor estaba sumamente interesado en el músico de Salzburgo, por lo que cada vez que Wolfgang realizaba un concierto, se acercaba junto con su esposa y se sentaban junto al piano. La admiración que Su Alteza sentía por el músico llegó a tal grado, que le pidió que diese clases a sus hijos. El panorama se hacía más prometedor para él, además de que varios músicos del círculo que frecuentaba Wolfgang tenían pensado viajar a París.

Pero súbitamente el viaje se pospuso, la razón sería una mujer, la hija de Fridolin Weber, Aloysia; ese hombre había sido bajo de la prestigiosa orquesta de la ciudad, pero era ambicioso y pretendía con sus tres hijas lograr cierta seguridad económica para él y su esposa quien estaba de acuerdo con los planes de su consorte.

Wolfgang había conocido a Weber durante su interacción con la orquesta y se habían hecho amigos, pero además se sentía conmovido por la mala suerte de aquel hombre, su hija Aloysia le había llamado poderosamente la atención, se sentía atraído irremediablemente por ella. Con el tiempo, Weber se convirtió en confidente del genio de Salzburgo y después comenzaron a viajar juntos.

Weber organizó una serie de conciertos en los que su hija Aloysia y Wolfgang se presentarían juntos, el joven genio estaba tan entusiasmado por aquella familia, que incluso pensaba llevárselos a Salzburgo y le pidió a su padre que investigara la posibilidad de que Aloysia fuera contratada por alguna compañía italiana.

Los gastos de los Weber durante los viajes que realizaron juntos fueron absorbidos por el inocente Mozart, por lo que sus finanzas se hallaban seriamente deterioradas, su madre se encontraba sumamente preocupada, pues se daba cuenta perfectamente de las intenciones de aquella familia, y no encontraba la manera de hacer reaccionar a su hijo.

La señora Mozart escribió una carta a su marido, en ella le relata la manera en la que esta familia de aventureros y aprovechados han logrado seducir a su hijo. Si bien es cierto que el noble corazón del joven estaba conmovido con las historias y la forma de vida de esta familia, las acciones que lo habían decidido a pasar tiempo con ellos habían sido bien planeadas.

La noticia provocó que Leopold decidiera que era menester sacar a su hijo de ese lugar lo antes posible y viajar a París, tal y como se había planeado, pero la respuesta de su padre afectó muchísimo a Mozart al grado de que cayó enfermo por varios días, él sabía que su padre había renunciado a la gloria personal para formar musicalmente a su hijo, para que pudiera llegar a encumbrarse en el éxito.

Era por eso que la molestia de Leopold eran tan grande, porque sabía perfectamente de la genialidad de su hijo y su capacidad, y no iba a permitir que una familia de bandidos le hiciera renunciar a toda la gloria que el destino le tenía reservada. Además ya antes había estado enamorado y había hecho las mismas estupideces, pero en esos momentos había estado junto a él para rescatarlo de él mismo.

Pero no todo estaba perdido, Wolfgang tenía que rectificar su camino, tenía que abrir los ojos, debía entender que las únicas personas a las que debía ayudar, era a sus padres y hermana, no a una banda de asaltantes y tramposos. El ánimo de aquel abnegado padre había decaído y los estragos de la preocupación no tardarían en aparecer.

Al parecer el tiempo que permaneció en cama debido a la enfermedad que sufrió al leer la carta de su padre, aunada a las veraces palabras de éste, le hicieron entrar en razón y comenzó a comprender lo que estaba dejando por un sueño que ni siquiera tenía la certeza de que se fuera a realizar, además su "novia" nunca había cantado en alguna obra formal, por lo que su incursión como cantante en alguna compañía italiana era poco probable.

Las ideas comenzaron a caer por su propio peso en la confusa mente de el joven compositor de Salzburgo, pudo darse cuenta de los engaños de los que había sido víctima, además de que su economía era una señal ineludible del mal camino que había estado tomando, pero aún así en el corazón seguiría existiendo el recuerdo de aquella preciosa mujercita, Aloysia.

En una carta fechada el 28 de febrero, le dice a su padre que esté tranquilo, que su mente se ha aclarado y puede ver todo con suma tranquilidad, por lo que le promete que trabajará hasta el límite de sus fuerzas para poder merecer llevar el apellido Mozart.

Hasta este momento parece que Wolfgang ha salido del peligro de ser explotado por los Weber. No podemos dudar de la nobleza del corazón del genio salzburgués, pero sí podemos afirmar que la sobreprotección a la que sus padres le habían sometido, estaba cobrando la factura.

10

Un nuevo viaje a París

Wolfgang había emprendido el viaje a la ciudad luz sumido en una profunda desesperación, a pesar de haber comprendido lo que le había estado pasando, sentía que el alma se le desgarraba al dejar en Mannheim a la mujer que amaba. El viaje de aquella ciudad a París duró más de 10 días, y durante ese tiempo apenas y hablaba con su madre.

El ambiente que le rodeaba le resultaba tenso e insoportable, desde que llegó a la capital francesa se encontraba aburrido y desmotivado, se encerraba en su habitación a llorar por largas horas recordando a los Weber, y especialmente a su amada Aloysia. En ese momento contaba con 22 años y la reacción de sus padres había logrado que se distanciara de ellos.

Los gastos del viaje habían mermado sus finanzas y era urgente encontrar la manera de ganarse la vida. Mozart anhelaba que se le encargase una ópera y si con ella lograba superar a Gluck, los parisinos le alabarían y se volvería realmente famoso y de esa manera se encontraría en posibilidades de traer a la ciudad a su amada Aloysia.

Logra escribir un par de obras, *Alexandre et Roxane* y *Demonforte,* las cuales resultaron un fracaso, por lo que su desesperación creció, no lograba ser puesto a la altura de los grandes compositores de aquella época. Esta vez no podía valerse de Grimm, quien además se había autoproclamado como el descubridor de Mozart durante su infancia, lo cual era más bien falso, pues nunca le ayudó realmente en esa etapa.

En aquellos días se había desarrollado una guerra artística entre Gluck y Piccini, guerra en la que Wolfgang no había tomado partido, lo cual le era reprochado por Grimm. Mientras tanto, su madre se hallaba sumida en una profunda melancolía, ya que se encontraba lejos de su hogar y todas las cosas que amaba, además de que en esa ciudad no conocía a nadie y no sabía hablar francés, por lo que su salud comenzaría a deteriorarse. La habitación en la que estaba alojada era muy obscura y su hijo aparecía por allí en muy pocas ocasiones.

Pero como era de esperarse, todas las penurias a las que se había sometido acabaron por minar su salud y cayó enferma, mientras su hijo salía muy temprano a dar sus lecciones y a trabajar en "Le Gros", donde permanecía hasta muy tarde, por lo que al regresar a su albergue su madre ya se encontraba dormida. No se había dado cuenta de que estaba muriendo lentamente.

Cuando él se dio cuenta de la salud de su madre, intentó hacer todo lo posible por salvarla pero ya era demasiado tarde. En el transcurso de los días, el desenlace llegó, su madre fallecería. La muerte de su madre había tardado 14 días en llegar, hasta que el 2 de julio de 1778 por fin logró descansar en paz.

Leopold recibió una carta en la que su hijo le explicaba lo que había sucedido, la lectura de la misiva lo destrozó, había perdido a la compañera de casi toda su vida, pero ahora tenía que preocuparse por su hijo, quien al verse solo y deprimido, sin duda acudiría a los Weber y eso era lago que no debía permitir.

Pero Mozart no se hundiría en la depresión, aún tenía su música, una razón para vivir, además de que de enero a septiembre de ese año escribiría varias obras, por lo que a pesar de la carga de trabajo a la que estaba sometido, nunca dejó de lado su labor creativa. Entre las obras podemos mencionar *Concierto para flauta y arpa* (K.V. 299); *La Sinfonía concertante* (K.V. 9); *Sonata para violín en mi menor* (K.V. 304), *Sonatas para piano en mi menor* (K.V. 331), *en la menor* (K.V. 310), *en do mayor* (K.V. 330), *en fa mayor* (K.V. 332), *en si bemol mayor* (K.V. 333); la gran sinfonía "*La parisina*" (K.V. 297) y varios *divertimentos* catalogados con los números 264, 265, 353 y 354.

La parisina fue presentada en mayo de 1778 y fue todo un éxito, por lo que le fue encargada otra obra para presentarla el 8 de septiembre de ese mismo año, logrando otro éxito. La fortuna pareció sonreírle, pues la amiga de Grimm, madame De´Épinay, le había ofrecido su hospitalidad, por lo que se mudó a la calle Antin, en donde le asignaron una bonita habitación con vista a la calle.

Pero sus benefactores no tardaron mucho en hartarse de él y su sombría presencia, además de que Grimm le había prestado cierta cantidad de dinero y todo el tiempo, le estaba recordando que le debía, por lo que su padre le escribe que quizá pueda garantizarle el puesto de maestro de capilla en su natal Salzburgo y así podría volver.

Las negociaciones del padre de Mozart y Colloredo resultaron bastante beneficiosas, ya que incluso había logrado que la amada de su hijo, Aloysia, fuera contratada, por lo que Mozart deseaba regresar a esta ciudad lo más rápido posible. Mientras tanto, en París la situación de Mozart en casa de Grimm ya se había vuelto intolerable, y después de una discusión el barón le conminó a abandonar su casa en ocho días.

Mozart recibió esta noticia con cierto beneplácito, pues se iría a vivir a casa de un amigo suyo el tiempo que fuera necesario para arreglar sus asuntos antes de partir de París, pero el vanidoso Grimm no podía permitir que las personas vieran al genio austriaco abandonar su casa e irse a vivir a la casa de otro, por lo que para evitar el escándalo, le pagó el viaje de regreso a su ciudad natal. Sin embargo, el tacaño barón le pagó un boleto en el servicio más barato, lento e incómodo que existía.

Mozart no tenía el dinero necesario para pagar su viaje de regreso, así que debía aceptar la oferta de Grimm, ya que el vanidoso barón no podía permitir que Wolfgang se mudara a casa de otro. Si iba a salir de su casa no debía ir a otro lado, sino que tenía que abandonar París. Es por eso

Ana María Mozart, madre de Wolfang (obra anónima).

que él acepta pagar el regreso del joven compositor, pero su avaricia era mucho más grande que su vanidad, por lo que optó por pagar el servicio más incómodo.

A Mozart no le importaba pasar las penurias de ese tipo de transporte, siempre y cuando pudiera salir de la ciudad que tanto dolor le había causado. El carruaje que lo había de llevar a Salzburgo era del tipo del que no cambia de caballos en todo el recorrido, por lo que el viaje se prolongaba más tiempo del debido, además de que realizaban paradas en algunos albergues de los que tenían que despertarse a las tres de la mañana para emprender el camino a las cuatro.

Tan sólo hacían 10 días de París a Estrasburgo, el mismo tiempo de París a Munich, lo cual era una exageración. Las incomodidades del viaje provocaron que Wolfgang volviera a caer enfermo, todo se había conjuntado, hasta que llegó el momento en que no resistió, pues la muerte de su madre, la falta de trabajo, la lejanía de Aloysia y su estado financiero eran ya mucha presión para el debilitado joven de 22 años.

Afortunadamente, durante el trayecto entabló amistad con un alemán que estaba harto de pasar por todas aquellas penalidades, por lo que invitó a Mozart a subir al carruaje que había alquilado tan sólo para él, acortándose el recorrido bastante, por lo que Estrasburgo lo esperaba antes de regresar a su natal Salzburgo.

11

De nuevo en Salzburgo

Antes de llegar a Salzburgo, Mozart hizo una parada que se prolongó por más de tres semanas en Estrasburgo. Los habitantes conocían bien la reputación del joven compositor, por lo que recibirle fue todo un acontecimiento, y los elogios le llovían por doquiera que pasaba. Debido a esto, se le ocurrió ofrecer un concierto, aunque sus amistades le aconsejaron que no lo hiciera.

Esta ciudad era realmente muy pobre, además de que los aficionados a la buena música eran muy escasos, pero aún así siguió con su plan y el resultado fue muy pobre, lo mismo que la recaudación. Sin embargo, la recompensa en cuanto aplausos y vítores fue mucho más de lo que esperaba, incluso el príncipe Max de Deux-Ponts estuvo presente.

Deseaba partir en seguida, pero le aconsejaron que ofreciera otro gran concierto en el teatro, por lo que decidió permanecer hasta el sábado siguiente. Esta vez el recital estaría engalanado por una orquesta, el resultado fue el mismo, la recaudación muy raquítica, pero el reconocimiento volvió a ser muy efusivo.

Esto pareció endulzar un poco la perspectiva de regresar a Salzburgo bajo el dominio del arzobispo, pero en su corazón deseaba volver a Mannheim, aunque los Weber habían partido a Munich donde Aloysia había logrado un contrato, además la fortuna había sonreído a esta familia, ya que el contrato que había logrado la joven le redituaría más de mil florines, y a su padre que había logrado colocarse como copista y apuntador le iban a pagar más de 400 florines.

Esta nueva situación de los Weber fue en parte una desilusión para Wolfgang, pues ya más desahogados económicamente, la joven cantante mostraba mucho menos interés en el compositor de Salzburgo, lo cual era más que lógico, pues Mozart solventaba los gastos de aquella "humilde" familia.

Sin embargo, el regreso a Mannheim se produjo con la ilusión de volver a ver a viejos amigos, además amante del teatro como era, asistió a disfrutar de una buena cantidad de obras, pero un género en especial le llamó la atención, se trataba de una obra en la que los parlamentos no eran cantados, sino que eran recitados mientras que una bella música llenaba la atmósfera.

Fue en ese momento que nació el género del dúo-drama, y también la intención de realizar un proyecto para este género, por lo que invitó a personas idóneas para elaborar la obra. El proyecto ya tenía tema, se trataba de *Semíramis*. Todo esto se lo hace saber a su padre por medio de una carta, la cual responde Leopold con una fuerte recriminación, en la que le decía que por su culpa las deudas iban a acabar con él y su hermana se vería sumida en la miseria.

Estos argumentos estaban destinados a convencer a Wolfgang de regresar cuanto antes a Salzburgo, por lo que el proyecto de *Semíramis* y otra obra inconclusa fueron empacadas, y el susceptible compositor emprendió el regreso a su ciudad natal. Además de que Leopold con tal de tener a su hijo lo más pronto posible, le dijo en la carta que ya no se oponía a la relación con Aloysia.

La suerte estaba del lado de Wolfgang, ya que el obispo de Keisersheim quien era admirador del músico, le ofreció llevarlo en su carruaje personal, iban a viajar hasta esa ciudad y de allí a Munich. Mozart estaba ansioso de comunicar a su amada el cambio en la actitud de su padre. Tras haber llegado a la ciudad del obispo, pasó unos días allí, y por fin el 24 de diciembre logró salir hacia Mannheim.

Al llegar a esa ciudad, se dirigió rápidamente a la casa de los Weber que se hallaban muy bien acompañados, además de que un hombre desconocido para él hablaba muy cerca de su amada, cuando lo vieron se burlaron de él, por lo que antes de salir de aquella casa, se acercó a Aloysia y le entregó una pieza que había escrito especialmente para ella, se trataba de *Popoli de Tesaglia* (K.V. 316), una de las mejores obras que había escrito.

En un arranque de despecho, Mozart se sentó al clavecín donde Aloysia había dejado desinteresadamente la partitura que le había entregado, levantó la tapa y comenzó a tocar una canción popular y vulgar en tono de burla. Una vez que a su manera terminó de humillar a los Weber, lanzó un saludo al aire y se marchó.

Se había hospedado en casa de sus amigos, los Cannabich, y antes de llegar a su casa, vagó por algún tiempo en las calles llenas de nieve, era nochebuena y al regresar a casa de sus amigos lo abrumaron con preguntas, a las que respondió con un silencio sepulcral y un rostro desencajado para ir a encerrarse en su habitación.

Al día siguiente tomó sus maletas y se fue a casa de Becke, un flautista amigo suyo, pero ahora ya no había nada que lo retuviera en esa ciudad, ahora la sola idea de regresar a Salzburgo era la que lo dominaba, por lo que escribió una carta al arzobispo de su ciudad natal, en la que le mostraba su sumisión incondicional, pero le solicitaba el puesto de organista oficial.

El dolor de la burla de Aloysia le hace buscar el alivio en los brazos de su prima María Thekla, a quien le pidió que se reuniera con él en Munich para acompañarlo posteriormente a Salzburgo, cuán feliz hizo a Leopold verlos llegar juntos a su ciudad. Ahora sí se daría el encuentro entre el hijo de Leopold y el arzobispo.

María Thekla se marchó en el mes de mayo, mientras Wolfgang se daba cuenta de que su padre le había mentido en las reacciones que el arzobispo había tenido hacia su regreso, por lo que sabía que tendría que pelear contra la tiránica forma en la que eran tratados los miembros de la corte.

Pero la solución a sus problemas y libertad tardarían más de dos años en llegar, mientras, su trabajo no era muy difícil y tenía mucho tiempo libre que ocupaba para componer, es por eso que durante ese periodo compuso más de 80 obras que en el catálogo de Köchel tienen las denominaciones del 317 al 400.

Para ese tiempo el príncipe Karl Theodore le encargó una ópera seria para que fuera interpretada en el carnaval de Munich, para lo cual regresó a dicha ciudad. Parecía que esta vez si pudiese salir del agujero emocional en el que estaba sumido.

Las últimas noticias en su vida habían sido muy deprimentes, por lo que una nueva invitación a Munich le sacaba de la ciudad donde se sentía reprimido y falto de motivos para componer. El viaje a esta ciudad le llenaba de nuevos bríos, además de que podría ver a los amigos que allí había dejado.

Esta vez dedicaría su tiempo al trabajo y dejaría sus sentimientos de lado para que no entorpecieran su creatividad, sus anteriores obras se hallaban llenas de los reflejos de su estado de ánimo, por lo que algunas de ellas eran bastante deprimentes, no en el aspecto técnico o interpretativo, sino en lo anímico.

La muerte de su madre, la burla de los Weber, el déspota trato del arzobispo y las deudas no eran el ambiente idóneo para componer bellas piezas musicales, así que el cambio de aires sería totalmente beneficioso, por lo que salió de su ciudad natal lo más rápido que pudo.

12

Munich reclama la atención de Wolfgang

El príncipe Karl Thodore encargó al joven compositor de Salzburgo una pieza que debía ser interpretada en el carnaval de 1781. Esta nueva oportunidad de mostrar su talento y autosuperarse le devolvía los ánimos a Wolfgang, por lo que se dio a la tarea de componer *Idomeneo, rey de Creta.*

El libreto se hallaba a cargo del eclesiástico en Salzburgo, el padre Varesco, con quien sostuvo interminables discusiones debido a que Wolfgang consideraba que muchas de las partes del libreto no iban con la música o simplemente salían sobrando, por lo que eliminó esas partes sin consultar al autor.

La obra se presentó el 29 de enero de 1781 y fue todo un éxito, el uso que había dado a la orquesta y a los cantantes resultaba magistral, el público consideraba seriamente el genio del compositor, quien había pulido su inspiración y técnica eliminando todos los defectos que antes habían señalado los grandes maestros de la música que habían escuchado sus obras.

Esta magnífica obra si bien había logrado un éxito rotundo, sólo fue repuesta unas cuantas veces, y aunque su composición se hallaba claramente por encima de las anteriores, el público no estaba preparado para entender su significado ni el contenido musical de la misma.

El arzobispo de Salzburgo pensaba tender una trampa a Wolfgang, en la que lo pondría en evidencia con la sociedad de Munich y lo humillaría en público para que todos vieran que era uno más de sus subordinados y que nada tenía de especial, para lo cual le invitó a reunirse con él en Viena.

Aquel funesto personaje de la vida religiosa y política de Salzburgo estaba harto de los continuos viajes de Wolfgang y su padre, y aunque el joven compositor ahora viajaba solo, la envidia que sentía por él y sus logros le hacían enfurecer más. Lo hacía comer en la mesa de la servidumbre y le prohibía presentarse ante nadie que no fuera él.

Todo esto desencadenó la lógica separación laboral de ambos, Mozart estaba harto del trato que se le daba, y el arzobispo estaba harto de la rebeldía del joven de Salzburgo. Así que después de una agria discusión, el prelado ordenó que el músico fuera echado a patadas lejos de su presencia, además de gritarle que era un demente y un granuja.

Esta separación trajo afortunadas cosas a su vida, pues ahora se encontraba sin amparo y en la calle, pero el emperador le ayudaría al encargarle una nueva obra. Se trataba de una composición que debía ser presentada en el Teatro Nacional, el cual tenía poco tiempo de haber sido inaugurado.

La obra era *El rapto en el Serrallo,* y fue presentada el 16 de julio de 1782, y era superior a su anterior trabajo. En ella se podía palpar un carácter musical mucho más maduro y consciente, por lo que esta obra se encuentra entre las favoritas de toda la producción mozartiana.

En ese mismo periodo compone *La fuga K.V. 401 y la K.V. 426,* además de *cuatro sonatas para violín y piano* (K.V. 376-380), *Sonata para dos pianos* (K.V. 448) y *el preludio para piano* (K.V. 344). En *El rapto en el Serrllo,* logró conjuntar todo lo aprendido en su largo caminar por Europa, y sobre todo su teoría de el dúo-drama.

Se enteró que su antes amada Aloysia se había casado con el actor Joseph Lange, que Fridolin Weber había fallecido y que la ahora viuda había convertido su casa en una pensión, por lo que llegó a ese lugar como cualquier huésped, pues las atenciones de la Sra. Weber lo confortaban después de la separación del arzobispo de Salzburgo.

Pero las intenciones de la viuda no eran del todo desinteresadas, pues deseaba realizar un buen negocio con el matrimonio de las hijas que le quedaban solteras, y Wolfgang sentía un verdadero interés por Constance, con quien acabaría contrayendo matrimonio, aun contra la voluntad de su padre.

Portada de una partitura francesa: "El serrallo", de las piezas más reconocidas es, sin duda, el "rapto".

La ceremonia se llevó a cabo el 4 de agosto de 1782 en la iglesia de San Esteban, pero lejos de significar la inmediata felicidad del protagonista de este libro, tan sólo existieron problemas entre la joven pareja, ya que los dos habían vivido bajo los cuidados asfixiantes de sus padres y no tenían idea de lo que era llevar una casa, además de que los ingresos de Mozart no eran lo suficientemente regulares como para poder planificar una vida en familia.

13

Amistades afortunadas: Bach y Haydn

Un encuentro afortunado volvió a poner a Wolfgang sobre las vías de la experimentación, pues en casa de uno de sus amigos conoció a Johann Sebastián Bach, quien inmediatamente cautivó su atención, pues su formal personalidad le daban cierto aire sacro y de autoridad, pero esta impresión se contrapunteaba con lo osado de sus composiciones.

Los dos hombres comenzaron a entablar una amistad que se podría interpretar como un compadrazgo o una complicidad musical, ambos aprendían el uno del otro. Mozart se dio a la tarea de estudiar y practicar, hasta que logró escribir al estilo que Bach le había propuesto; esto lo podemos apreciar en sus composiciones K.V. 401, K.V. 153, K.V. 154, K.V. 394, K.V. 443 y K.V. 426.

Sin embargo, Wolfgang seguía fiel a sus ideales musicales y no pensaba cambiarlos por nada en el mundo, pero la vida le forzaría nuevamente a escribir una de sus obras maestras, pues había prometido que de casarse con la Weber, compondría una misa, y había llegado el momento de cumplir su promesa.

La iglesia de San Pedro fue el escenario en el cual se presentó la *Misa en do menor* (K.V. 427). La misa se realizó en el mes de agosto y la encargada de cantar en ella fue nada menos que la Sra. Mozart, Constance. Esta pieza fue la oportunidad de experimentar con todo lo que había aprendido de J. S. Bach.

Pero ese periodo también fue prolífico en otras obras, que se debían en parte a Haydn, pues él le había enseñado a componer en cuartetos. Para el mes de diciembre ya había compuesto tres cuartetos, K.V. 387, K.V. 421 y K.V. 428. Pero después de otro encuentro ocasional con Haydn, le surgieron ideas para componer otros tres.

Aquellos encuentros con esos dos grandes maestros de la música no podían traer más que buenas consecuencias, pues la conjunción del genio de ellos, aunado al de Mozart trajo un beneficio musical para los tres, en el caso de Mozart lo hicieron replantearse sus propias teorías musicales y demandándose a sí mismo la reforma de los cimientos de sus composiciones.

Por el momento, la música de cámara servirá como laboratorio para poder probar nuevas ideas y teorías musicales, sin atreverse a probar suerte en el concierto o la sinfonía. El tiempo le daría parcialmente la razón, pues más adelante cuando lo intentara no sería comprendido y el público de Viena que tanto lo había aplaudido y alabado, le voltearía la espalda al juzgar que su talento se había esfumado.

14

Cambios significativos

Las cosas no iban nada bien en su matrimonio, Constance no era la abnegada y amorosa esposa que él había imaginado, pues era egoísta y exigente, de ahí que la vida de un artista como Mozart no le brindaba los lujos y comodidades con las que había soñado. Para Wolfgang se había convertido en una carga, pues ella no comprendía la labor de su marido.

Las labores domésticas le repugnaban y les rehuía como si fueran la peste, incluso llegó a inventarse enfermedades para no tener que cumplir con ellas. Sabía que su marido estaba profundamente enamorado de ella y sacaba provecho de la situación, al grado de considerarlo una especie de esclavo obligado a satisfacer su voluntad de cualquier manera.

Pero estos defectos parecían no importarle a Wolfgang y se piensa que todo lo compensaban en el aspecto sexual, pues ambos eran sumamente sensuales , además de que a pesar de todo, Mozart era un marido modelo y quizá si esta vida lo llevarían a buscar algo que lo complementara en lo espiritual, y por eso se inscribió en una logia masónica.

Su admisión se logró el 14 de diciembre de 1784, y la logia que lo admitió llevaba por nombre *Zur Wohltätigkeit*, que en español significa "A la beneficencia", y como era su costumbre cuando algo le interesaba, le dedicó toda su atención, y en dos años de esfuerzos fue nombrado maestro. En ese periodo escribe varias obras de corte masónico.

Por esos días también se entera de que su padre se encuentra gravemente enfermo, esto lo lleva a contemplar con mayor detenimiento a la muerte, la última frontera. Se da cuanta de que algún día todos vamos a terminar allí y nada puede evitarlo, por lo que en sus palabras se puede apreciar un tono de cierta resignación que sólo la madurez puede brindar.

El piano llama poderosamente su atención, el magnetismo que este instrumento ejercía sobre Mozart se refleja en el hecho de que en tres años llegó a escribir más de 12 conciertos para piano. Este periodo le brindó gran tranquilidad y lo reflejó en sus composiciones.

En el periodo de abril a septiembre de 1784, su producción musical se vio disminuida notablemente. En cuanto a los conciertos, no encontraba la fórmula que antes tantos éxitos le había traído, por lo que se dedicó a escribir música de cámara.

Al sentir esta dificultad, volteó la vista hacia este género musical, por lo que se dio a la tarea de terminar unos cuartetos para Haydn, los mismos cuartetos que unos años después inspirarían a otro gran genio de la música: Beethoven. En el año de 1785, Wolfgang escribe una de sus más bellas obras, la *Oda fúnebre masónica,* debido a la muerte de dos miembros de su logia.

En sus presentaciones se estaba suscitando un fenómeno muy curioso, los asistentes le pedían que repitiese composiciones de antaño en lugar de pedir y alabar sus nuevas composiciones, esto se debía a el nuevo estilo con el que estaba componiendo. Mientras tanto, su padre le había recomendado que siguiese en el camino que lo había llevado a donde estaba.

Pero Mozart sentía la inquietud de experimentar con nuevas ideas, ya no podía seguir en esa monótona rutina de sus composiciones, tenía que salir de su pecho la ansiedad que sentía al saber que las nuevas ideas estaban desarrollándose en su interior, pero el público no entendía el proceso que estaba atravesando el compositor de Salzburgo, pero esto a él no le importaba, siempre y cuando pudiera sentir la satisfacción de saber que su trabajo era diferente y mucho más elaborado.

Mientras tanto, Leopold decide pasar una temporada en Viena, donde se puede dar cuenta de la situación anímica de su hijo, además de la manera en que Constance despilfarraba el dinero que Wolfgang le proporcionaba, pero eso no era todo, ya que pudo ser testigo de la manera déspota y dominante en la que trataba a su hijo, quien en su afán de tener contenta a su esposa trabajaba casi de Sol a Sol.

Todo esto preocupaba al dedicado padre, pero lo que más le angustiaba, era que su hijo se había aventurado en otros estilos musicales y estaba descuidando el estilo que le había ganado el reconocimiento de grandes músicos, ¡qué poco conocía el padre al hijo!

Constance Weber, hermana de Aloysia, terminaría casándose con Wolfgang.

Wolfgang estaba dedicado a la música coral y había dejado de lado la idea de componer una ópera, pero todas sus creaciones de este género lo llevaban de vuelta al genero teatral, su sueño de encontrar el libreto ideal que lo inmortalizara aún no se había cumplido, pero la esperanza muere al último, algún día llegaría ese libreto que le arrancaría el corazón para plasmarlo en papel pautado.

15

Lorenzo Da Ponte y *Las bodas de Fígaro*

Wolfgang había abandonado por un largo tiempo el género teatral, pero las circunstancias lo llevarían a retomarlo con renovados bríos, pues la reposición de su obra *Idomeneo* había resultado un éxito y los ojos de la sociedad vienesa volvieron a voltear hacia él, lo retomaban en su corazón como el compositor favorito que antes había sido.

Este inusitado regreso provocó que un singular dramaturgo le tomara en cuenta, por lo que le propuso adaptar una obra que pertenecía a la comedia de Beuaumarchais. Se trataba nada menos que de *Las bodas de Fígaro*, esta obra le traería nuevos problemas al compositor de Salzburgo, pues su talento siempre le había rodeado de envidia e intrigas.

La obra se estrenó en la ciudad de Viena el 1 de mayo de 1786, y el éxito de ésta fue abrumador, el público ovacionaba de pie y le pedía a Wolfgang que repitiera los fragmentos de la obra que más habían gustado. El entusiasmo que levantó la hermosa obra, hizo que el mismo emperador prohibiera que se repitiesen dichos fragmentos para no alargar demasiado la ya extendida presentación.

Esta nueva composición eclipsaba a todas las anteriores, incluso la que había sido una de sus más ovacionadas obras, *El Rapto en el Serrallo,* y la cual le había valido el reconocimiento de la sociedad vienesa. El éxito era aún más significativo después de las intrigas que sus competidores habían tejido alrededor de él.

La situación económica de Wolfgang y su esposa no varió en nada con el éxito que su ópera había alcanzado, pues le fue pagada la suma de 100 ducados. Este ambiente si bien no era de miseria, sí estaba plagado de limitaciones, por lo que el compositor decidió viajar a Inglaterra y le envió a su padre una carta en la que le suplicaba que cuidara de sus hijos, a lo que Leopold se negó rotundamente.

La negativa paterna lo obligaba a permanecer en Viena, por lo que se volvió a concentrar en sus composiciones para cámara. Este nuevo periodo de experimentación está reflejado por la importancia del piano y la enorme cantidad de obras compuestas en este periodo, como lo son el tema *variato* (K.V. 500 y 501), el cuarteto K.V. 493, el trío K.V. 496,K.V. 498 y K.V. 502.

La fama que había alcanzado en este periodo después de *Las bodas de Fígaro,* le valieron la invitación a la ciudad de Praga, donde dicha ópera se acababa de presentar obteniendo un éxito mucho mayor al que había logrado en Viena. Su llegada a la ciudad estuvo plagada de actividad, no encontraba un solo momento de descanso, pues su presencia era requerida en todos los círculos sociales de la ciudad.

La presencia de Mozart en esta ciudad era bien reconocida y le otorgaban el mérito que merecía. En cierta ocasión después de haber compuesto la sinfonía K.V. 504, conocida como la de Praga, la presentó en público y la respuesta fue tan avasalladora, que no lo dejaban terminar con la presentación , por lo que tuvo que improvisar al piano por casi una hora.

El destino volvería a ligar a Lorenzo Da Ponte y Mozart para trabajar juntos, pues debido al éxito que Wolfgang había logrado en esta ciudad, un famoso empresario lo contrató para que realizara una ópera para la temporada siguiente, y al negociar quién sería el libretista, llegaron a un acuerdo en común, pues deseaban repetir el gran éxito que habían logrado con *Las bodas de Fígaro*, por lo que la lógica respuesta fue Lorenzo Da Ponte.

Wolfgang regresó a Viena, donde se dedicó a trabajar en la que sería su próxima gran obra y a impartir clases a sus alumnos, entre los cuales se encontrarían: el famoso director de orquesta Hummel y el genial Ludwig van Beethoven. Su trabajo en Viena era muy inconstante, por lo que los masones lo auxiliaron para lograr salir adelante.

Pero en su mente seguía dando vueltas la idea de viajar a Inglaterra, además de que varios de sus amigos le aseguraban que en esa ciudad podría encontrar una excelente colocación. Justo cuando cavilaba en esto, recibió una car-

Cuadro de la familia Mozart en el cual se puede apreciar el retrato de la madre del genial compositor colgado en la pared.

ta en la que se enteraba que su padre se encontraba gravemente enfermo, por lo que de nuevo comenzó a contemplar la presencia de la muerte.

Ése era el tema principal de las últimas cartas que intercambió con su padre, todas ellas trataban el problema de la muerte desde diferentes ángulos, sin perder de vista que era completamente inevitable, además la muerte se ensañaría con Wolfgang durante esos días.

16

La muerte de Leopold

La muerte ya rondaba a Wolfgang Amadeus Mozart, su tercer hijo y su cercano amigo Hatzfeld habían muerto con muy pocos días de diferencia, además de que su padre se encontraba gravemente enfermo, por lo que temía que la muerte se lo arrebatara también.

Pero sus obras no reflejaban la inmensa angustia de su alma, lo cual podemos constatar en la K.V. 515, pero al parecer el drama que estaba viviendo sirvió como catalizador para que sus composiciones de cámara dieran el último paso hacia su desarrollo y se convirtieran en obras magistrales y plenas. En sus obras desquitaba el sufrimiento por el que estaba atravesando, en ellas purgaba la amargura de su alma, para que su creatividad no se esclavizara a un dolor tiránico.

Por fin la muerte llevó a Leopold junto a su amada esposa, su deceso ocurrió el día 26 de mayo de 1787, tan sólo tres días después, Wolfgang entregó una obra que le había sido solicitada por Von Jacquim, se trataba de *Manuscrito para piano* (K.V. 521). Pero su música seguía sin resentir el estado de ánimo del compositor, sus piezas seguían disfrutando de la vida que les proporcionaba la ligereza de movimientos que les había sabido imprimir.

Este nuevo panorama anímico se presentaba meses antes de que decidiera viajar a Praga nuevamente, en esa ciudad terminaría su ópera *Don Juan*, un drama jocoso en

Portada de la opera de "Don Juan", editada en Leipzig.

dos actos. Para esta obra se volvió más exigente en la construcción musical de la misma, en obras anteriores había escrito las partes vocales basándose en los cantantes que disponía, pero esta vez la obra se escribiría como él realmente la deseaba y los cantantes debían ser buscados conforme a su papel.

A su llegada a Praga, Wolfgang y su esposa Constance se hospedaron en un albergue, pero pocos días después fueron invitados a la casa de campo de una importante familia, los Dúsek. Fue en esa residencia donde puso fin a su ya mencionada ópera. Cuando comenzaron los ensayos, se presentaron innumerables dificultades con los cantantes, pues se negaban a adaptarse a los requerimientos de la obra.

Pero por esos días se repuso su obra *Las bodas de Fígaro,* y él mismo la dirigió. La razón de la reposición era la visita de la archiduquesa, pero esto no logró distraerlo de su objetivo, incluso se dice que un día antes del estreno, la obertura aún no había sido terminada, por lo que Wolfgang tuvo que trabajar toda la noche en compañía de su esposa. Por fin en el mañana logró terminar la partitura y en la noche fue presentada.

La obra se presentó el 28 de octubre de 1787, la aceptación del público fue fenomenal, los asistentes le ovacionaban de pie y ocasionaban la interrupción del desarrollo. El triunfo había sido arrollador, el compositor era ovacionado con toques de trompeta y vítores.

Pero las dificultades de presentar en provincia la ópera en lugar de hacerlo en Viena habrían de ser muchas, pues el celoso emperador habría de guardar cierto recelo, por lo que después de varios meses, en mayo del siguiente año para ser más precisos, la obra se presentó en Viena. Mozart la retocó para que agradara a los vieneses, pero la recepción fue bastante más fría de lo que esperaba.

Entre los integrantes del reparto, encontramos a una mujer que había sido una tortura para el compositor, se trataba nada más y nada menos que de Aloysia Lange, quien interpretaba el papel de Elvira. A pesar de que la recepción había sido desinteresada, la obra se presentó más de 15 veces en el periodo de mayo a diciembre y no se volvería a presentar hasta 10 años después.

En noviembre de 1787 el fallecimiento de Gluck le brinda la oportunidad de tomar su puesto en la corte, el emperador le ofrece el cargo de compositor de la cámara real e imperial, pero el dinero asignado a tal puesto había sido reducido de dos mil florines a tan sólo ochocientos, lo que Wolfgang consideró un insulto y una humillación.

Así las cosas, el compositor decidió viajar a Prusia a buscar fortuna, la partida se produjo en el mes de abril de 1789, su plan era lograr que el emperador Guillermo II quien era un músico excelente, lo aceptara en su corte, pues entre sus subordinados tenía tres compañías de ópera, una italiana, una francesa y una alemana.

Partitura del segundo acto de la ópera "Don Juan", la cual dirigió cuatro veces en Praga.

La suerte le sonrió de nuevo al ser invitado por el príncipe Lichnowsky para que viajara con él en su coche, pues el viaje era muy costoso y su situación económica no era lo suficientemente desahogada para poder costear el viaje. Aquel príncipe era buen amigo de Guillermo II, y además tenía muy buenas relaciones con personajes importantes de aquellas regiones.

Su estancia en Praga no produjo grandes ganancias, aunque a su llegada fue recibido con los honores que se

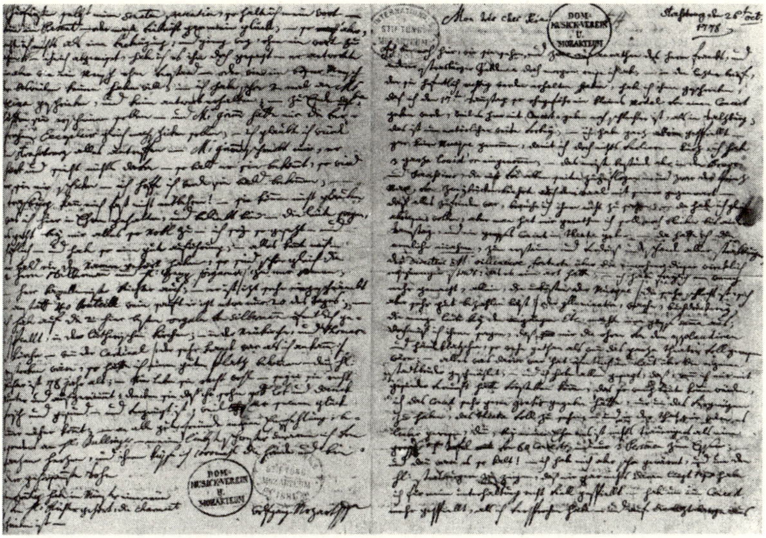

Carta de Wolfang enviada a su padre con quien mantenía una gran comunicación por este medio.

merecía, además de que le encargaron una ópera. Pero el dinero no llegaría en las cantidades que él esperaba. En Berlín fue recibido con menos efusividad, Su Alteza Federico Guillermo lo invitó a presentarse varias veces, e incluso le encargó varias composiciones para él y su hija.

Su desilusión sería grande, pues nunca se tocó el tema de darle un puesto en la corte del gobernante, además de que los músicos prusianos estaban sumamente celosos de la visita del genio de Salzburgo y habían hecho causa común para que no fuera aceptado en la corte. Mozart regresó a Viena casi como se había marchado, sus finanzas no habían aumentado en nada, e incluso regresaba un poco más pobre.

Las deudas lo estaban asfixiando y su único escape era su música, se olvidaba de todo lo que lo rodeaba, bien hubieran podido demoler su casa a cañonazos y él nunca se hubiera enterado hasta que se levantara de su piano y volteara alrededor. Pero confiaba que la fortuna pronto tocaría a su puerta y podría salir de aquel embrollo.

Su benefactor generalmente era su amigo Puchberg, a quien acudía cuando no tenía ni un centavo en el bolsillo y en casa tenía varias bocas qué alimentar; era común que le enviara desesperadas cartas suplicándole por un préstamo, el cual nunca pagaría. Esta vez la carta no tenía aquel tono desesperado de costumbre, era como si el destino le hubiera hecho una confidencia y tan sólo fuera cuestión de tiempo para que todos sus sueños se cumplieran.

Durante su estancia en Berlín, el emperador Federico Guillermo le había encargado la composición de una ópera, ésa era su esperanza, una obra que lo sacaría de la miseria y lo llevaría a la cima del éxito. Todas sus preocupaciones económicas desaparecerían cuando Su Alteza se deleitara con el resultado de su trabajo y le ofreciera un excelente puesto en su corte, además de que la obra sería muy bien pagada, la obra en cuestión era "*Cosi fan tutte*".

17

Las últimas tres sinfonías y *Cosi fan tutte*

La situación económica de Mozart era bastante precaria y la salud de su esposa se deterioraba al no poder pagar los continuos baños en aguas medicinales que el galeno había prescrito para ella. Con el agua hasta el cuello, Wolfgang no dejó de componer, incluso se presionaba hasta el punto en el que su producción se aceleraba.

Éste es el caso de tres de las más bellas composiciones de Wolfgang, pues las sinfonías K.V. 543, 550 y 551 fueron escritas en un tiempo récord, ¡de tan sólo seis semanas!, pero la rapidez con la que las compuso no afectó la calidad de sus obras, además ocupó su tiempo transcribiendo obras de grandes maestros como Bach y Haendel, ya que su interés por los clásicos nunca había decaído.

Para Mozart el encargo que le había hecho el emperador era lo que realmente ocupaba sus pensamientos. La obra basada en un libreto de Da Ponte marcaba la tercera intervención con el afamado libretista, el trabajo de Mozart para esta obra es considerado como un testamento musical. El libretista se había inspirado en un hecho que había sucedido en Trieste.

La obra se estrenó el 26 de enero de 1790 y hubiera logrado un éxito sin precedentes, pero al cumplir las 10 representaciones, una tragedia interrumpió la exitosa temporada, pues súbitamente la muerte sorprendió al emperador y, por consecuencia, el luto nacional obligó el cierre de todos los teatros. Cuando hubo pasado el tiempo obligado, la obra volvió a presentarse, pero el público ya se había olvidado de ella.

Una vez más el destino se reía en la cara de Wolfgang Amadeus Mozart, además de que el nuevo emperador, Leopoldo II, no apreciaba la genialidad del compositor y sentía la misma antipatía que su madre la emperatriz María Teresa por el compositor y su padre. El nuevo gobernante se dispuso a reformar el teatro en su país, y esto afectó a muchos de los que integraban el reparto de *Cosi fan tutte*, incluyendo a Lorenzo Da Ponte.

Todos estos "ataques" indirectos hacia Mozart, hacían más que imposible la reposición de la obra, además de que todos sus intentos por obtener el puesto de segundo maestro de capilla y el de maestro de los infantes

La emperatriz María Teresa sentía justificada aversión por Leopold Mozart, debido a las difíciles maneras del padre de Wolfgang.

eran ignorados; cuando se realizaban fiestas de la corte no era invitado, lo que lo molestaba más que si lo hubieran abofeteado en público.

Algunos historiadores piensan que el rechazo de Leopoldo II hacia Mozart se debía a la inclinación de este último a la masonería, pues el emperador estaba temeroso de que los masones tuvieran el poder de realizar algún tipo de "revolución", además de que influenciado por su madre que detestaba a los masones hizo suyo ese odio.

Mozart había ingresado en la masonería por humanidad y nunca por motivos políticos, pero la Revolución Francesa de 1789 había dejado intranquilos a los gobernantes, por lo que Leopoldo II utilizó este recelo como pretexto y sacar de su país a todos los masones austriacos, entre los cuales se encontraba Mozart.

Éste no se quedaría con los brazos cruzados, por lo que corrió a empeñar los pocos artículos de valor que le quedaban y se dirigió a Francfort para estar presente en las fiestas de coronación aunque no hubiese sido invitado. Su plan era el de descubrir entre los príncipes asistentes a alguno que le brindase protección y patrocinio sin poner en peligro su libertad creativa.

Sin embargo, todos sus intentos fueron frustrados y los recitales que había ofrecido habían sido opacados, ya sea por las fiestas de la coronación o por el mismo abad Vogler, quien en anteriores ocasiones le había dificultado la vida y que ahora se había esforzado en cerrarle todas las puertas que pudieran haberse abierto ante el talento de Wolfgang.

Con el corazón roto en mil pedazos y los bolsillos casi vacíos, emprendió el regreso, pero realizó una escala en Mannheim donde su obra *Las bodas de Fígaro* estaba por ser presentada por primera vez, por lo que los músicos de esa ciudad le suplicaron que se quedara.

Tras haber escuchado su obra se marchó y en Munich realizó una escala para después marcharse a Viena, donde llegó el 10 de noviembre, y aunque la situación económica del compositor seguía siendo desastrosa y ahora mucho más después de haber aceptado un asfixiante préstamo para poder realizar le viaje previo.

Los ingleses seguían esperando la visita del maestro y le habían ofrecido beneficiosos arreglos para convencerlo de que los visitara, pero éste se negó, ya sea por el puesto que ostentaba y qué tan miserable remuneración le proporcionaba, o por lo débil que era su salud en esos días.

18

La flauta mágica

En el mes de marzo del año 1790, un encuentro con un viejo amigo de su padre daría una nueva ilusión creativa al maestro Mozart, pues le proponía la creación de una ópera llamada *"La flauta mágica"*, basada en un libreto de su autoría. Aquel individuo se llamaba E. Schikaneder, quien era director de un teatro en Viena llamado *Auf der Weiden*.

Aquel hombre había podido darse cuenta de la lastimera situación del gran compositor, por lo que le ofreció varias facilidades para que su trabajo pudiera ser realizado con suma tranquilidad, entre esas facilidades le ofreció una casa de campo en la que no sería interrumpido y de esa manera poder salvaguardar el resultado de las composiciones del genio de Salzburgo.

Mozart aceptó el ofrecimiento de Schikaneder y se mudó a la casa de campo, pero su trabajo fue interrumpido por dos sucesos, uno de ellos le perturbó notablemente, pues cierto día se apareció en su residencia un tipo que le encargaría la composición de un *réquiem*, aquel individuo conocía perfectamente bien la obra y vida del compositor.

Aquel desconocido le pidió que él fuese quien fijara el precio de su composición. Se dice que la cantidad que había pedido fue de 100 ducados y días después regresaría el individuo a pagar dicha cantidad, aunque Wolfgang no quiso poner una fecha fija para la entrega. El misterioso individuo le prometió que la cantidad sería mayor, siempre y cuando no hiciera el menor intento por conocer la identidad del cliente.

El misterio con el que se desarrollaron aquellas entrevistas le hizo pensar que aquel mensajero era en realidad la muerte, que había venido a darle un aviso y le había hecho componer un *Réquiem* para su propia ceremonia fúnebre, pero esto no estaba lejos de ser verdad, pues la salud del compositor se hallaba sumamente quebrantada.

Sin embargo, la verdad era mucho menos dramática, ya que el cliente era el conde Von Walsegg, quien había pedido a un amigo suyo de nombre Anton Leitgeb que fuera a ver al compositor y le pidiese la obra al compositor para la misa póstuma de la condesa Von Walsegg, quien en vida solía presentar música de su propia creación y de otros autores, piezas que también presentaba como propias. La condesa había fallecido poco tiempo antes.

Otra interrupción al trabajo con Schikaneder, se debió a la solicitud de poner la música a la obra, *La clemencia de Tito,* pieza que debía servir para la coronación de Leopoldo II, y justo cuando se disponía a partir hacia Praga, el misterioso mensajero se le presentó y le inquirió sobre la terminación de la obra encargada, Mozart quien se había espantado por la súbita presencia del individuo, le prometió que a su regreso la terminaría.

Al llegar a Praga se dio a la tarea de poner en escena la ópera de su creación, *La clemencia de Tito,* con la que regresaba a la ópera seria después de 10 años de ausencia. El éxito de la obra fue arrollador, pero los críticos del compositor trabajaron duro para lograr que aquel triunfo se desvaneciera en lo amargo de sus viperinas lenguas.

Mozart sufrió con esta derrota y con el alma apesadumbrada regresó a Viena, donde se pondría trabajar para terminar el libreto de Schikaneder, el arduo trabajo rindió sus frutos y el día 30 de septiembre de 1791 por fin fue estrenada. La obra no fue muy bien acogida, pero conforme se iba representando al paso de los días, el éxito rotundo acabó por llegar.

Esta obra era, ni más ni menos, que *La flauta mágica,* obra sobre la cual nunca se han tenido claros los motivos de su creación, pero parece ser todo un tratado masónico, ya que ambos, Mozart y Schikaneder eran masones. Desafortunadamente la aparición de ésta se produjo en un periodo en el que la masonería era muy mal vista por el imperio.

Sin embargo, el tratamiento que ambos masones habían dado a la obra, logró que la represión que se hubiera podido presentar fuera disipada, ya que Mozart estaba

Cuadro donde aparecen los hijos de la emperatriz María Teresa, José y Leopoldo (obra de Pompeo Gerolamo).

consciente de lo que le gustaba al pueblo y llenó su obra de estos elementos, por lo que rápidamente se convirtió en una obra favorita y consentida.

Esto está plenamente demostrado al contabilizar las representaciones, que suman la muy envidiable cantidad de más de trescientas. Gracias al genio de los autores, la obra se consolidaba cada día mas en el gusto de la gente, mientras cumplía el cometido de poner en alto a la masonería. Esta ópera daría claros indicios a los grandes músicos por venir, músicos de la talla de Beethoven y Wagner.

Como comentario adicional, podemos decir que el fin de Schikaneder no fue nada grato, pues la locura se apoderó de él y en un arranque de furia, tomó un hacha y arremetió contra el teatro, del cual era dueño. Sus enemigos lo supieron y sintieron vergüenza por todos los ataques que le habían dirigido. La situación económica, al igual que la de Wolfgang, era precaria, si se valuaran sus pertenencias, el valor de todo no alcanzaría los 75 florines.

Mozart llegó a dar lecciones a Beethoven. En este grabado podemos apreciar la presentación de este último por Mozart a la sociedad vienesa.

Sus enemigos realizaron funciones a beneficio de Schikaneder, pero aún así, el daño estaba hecho, nada lo haría regresar de ese mundo de demencia. La muerte lo alcanzaría el 21 de septiembre de 1812, su testamento redactado cuando su situación económica era boyante, beneficiaba con toda su fortuna a los actores errantes, pero de aquella fortuna no había quedado nada. Su cuerpo fue transportado por la carroza fúnebre de los pobres hasta el cementerio, donde fue depositado en la fosa común.

Las obras de Mozart escritas especialmente para las logias masónicas son bastante numerosas. De hecho en *La flauta mágica,* se advierte el simbolismo, pues según las tradiciones de los masones, los metales (como categoría instrumental), son muy importantes, pero Mozart aborrecía a las trompetas. Sin embargo, desde el primer momento de la obra, este instrumento aparece con una singular fuerza.

A continuación le nombraremos algunas de las obras especialmente escritas para los masones, ya que estaba enamorado de este movimiento ideológico, podemos citar *La pequeña cantata para la fundación de un templo* (K.V. 623); *La cantata en honor de Ignaz von Born* (K.V. 471), *quien era gran maestro de la Logia de la Verdad; La música fúnebre masónica* (K.V. 477); *La cantata sobre el maestro del Universo* (K.V. 619); *La cantata sobre el espíritu del Gran Todo* (K.V. 429); *Canto del compañerismo* (K.V. 468); *Música para la fundación de una nueva logia* (K.V. 483); *Música para el ingreso de nuevos miembros* (K.V. 484).

Alfred Einstein en sus estudios sobre las obras del gran compositor de Salzburgo, logró encontrar en las obras antes mencionadas, una disposición de elementos sumamente cuidadosa que expresa con toda claridad los diferentes momentos de los rituales masónicos, así como la proyección de sus ideales a la sociedad; todo esto lo podemos encontrar nuevamente en la obra *La flauta mágica.*

19

Los últimos días del genio

Tras haber estrenado *La flauta mágica*, Mozart dedicó todo su tiempo entre componer y asistir diariamente a las representaciones y no perdía el tiempo en actividad alguna que no fueran ésas. En una de las representaciones se encontró con un personaje que le resultaría fatal, se trataba de Salieri. Durante su encuentro, Salieri le agradeció en repetidas ocasiones por el placer de haber escuchado una obra tan hermosa, también lo llenó de elogios y le decía que su obra era digna de ser representada ante los más célebres gobernantes.

Se sospechaba que Salieri había envenenado a Wolfgang, por lo que la salud del compositor se fue deteriorando paulatinamente y llegó a afirmar que el *Réquiem* lo iba a componer para él mismo. Sus últimas fuerzas las dedicó a terminar el *Réquiem* que le habían encargado, y que ahora, por azares del destino, sería para él.

Las fuerzas se le estaban terminando, y acabó por guardar cama desde el 20 de noviembre de 1791, de la cual ya no se levantaría nunca más. La muerte le tomaría por sorpresa días después, pero aun en su precario estado de salud, seguía escribiendo la obra que le acompañaría en su muerte.

Los médicos que le auscultaron dieron su diagnóstico, se trataba de un padecimiento llamado "fiebre militar" para el que no había cura, por lo que el desenlace era inevitable y sólo cabía esperar. Sus amigos Hofer, Rosner y otros más, se reunían en su cabecera, y Mozart les pedía que cantaran su obra mientras cantaba el contralto.

Mientras se encontraba en cama seguía en el reloj el desarrollo de la representación de *La flauta mágica*, en tanto alguno de sus amigos interpretaba en el piano la escena que se desarrollaba en ese momento. Durante la noche del 4 de diciembre se sintió mal, y llamó a la persona que lo cuidaba, Sophie Hábil, le dijo que el final estaba cerca y pidió que le llamaran a un sacerdote, al mismo tiempo llamaron al doctor, quien les dijo que nada podía hacer, pues el final era inevitable.

En su lecho de muerte suplicó que le pusieran en su cama la partitura del *Réquiem,* e intentó cantar, pero le faltaba el aire, súbitamente se quedó dormido y en el transcurso de la madrugada, falleció. Así de esta manera tan sutil, como lo fue su vida, se marchaba uno de los mayores genios que la música ha dado a la humanidad.

En este grabado se pueden apreciar los últimos momentos del genio. En la cama se encuentra la partitura del "Réquiem", que no alcanzó a terminar.

Sus amigos trataban de consolar a la mujer que tan mal lo había tratado en vida, esta vez lloraba por la partida de su marido, nunca más lo vería y mucho menos lo humillaría como lo hacía cuando vivía con él. La pobre Constance parecía enloquecer del dolor, o mejor dicho, del remordimiento.

La situación económica que había dejado Wolfgang era sumamente precaria, por lo que sus amigos aconsejaron a la viuda que no gastara dinero que no tenía en un funeral ostentoso, que mejor permitiera que la carroza fúnebre de los pobres se lo llevara y le diera cristiana sepultura, ellos juzgaban que eso era más que suficiente para él.

El día 6 de diciembre bajo una pesada tormenta de nieve, los amigos de Wolfgang, su esposa y los miembros del elenco de *La flauta mágica,* se reunieron en la iglesia de San Pedro, donde le dieron el último adiós. Cuando el cortejo fúnebre salió rumbo al cementerio, la nieve y el frío habían arreciado, por lo que nadie quiso sufrir esos inconvenientes y dejaron que el carruaje con el cuerpo marchara solo hasta el cementerio.

Iglesia de San Pedro, lugar donde se realizó el servicio religioso tras la muerte de Mozart.

Los enterradores dispusieron del cuerpo en una fosa común, y tiempo después cuando la viuda quiso poner una cruz en la sepultura, los enterradores no se acordaban en cuál lo habían enterrado, y hasta la fecha se sigue sin saber en dónde está sepultado. Así se había perdido toda posibilidad de recuperar el cuerpo para darle la sepultura que se merecía.

Retrato de Mozart realizado por Dorotea Stock en 1789, dos años antes de la muerte del gran compositor.

Los acreedores se abstuvieron de cobrar lo que se les debía, entre ellos se encontraba el amigo Puchberg, quien en repetidas ocasiones había financiado los planes del compositor, e incluso había alimentado a la familia de éste, ya no recibiría las angustiosas cartas en las que Wolfgang le suplicaba por un préstamo para poder salir de algún problema, préstamo que nunca pagaría.

Su viuda, Constance Weber, no permanecería sola por mucho tiempo, pues conoció a un diplomático danés de nombre Georg von Nissen, con el que contraería nupcias poco tiempo después. El *réquiem* fue recogido por Sussmayer, quien logró terminarlo y se lo entregó al misterioso mensajero del conde Walsegg, quien triunfó con esa obra.

Qué ironía que la obra póstuma de Mozart fuera tan exitosa, cuando en vida siempre persiguió la gloria y le fue negada. De esta deprimente manera terminó la vida de uno de los hombres más importantes para el desarrollo cultural de Europa, y por qué no, del mundo entero. Su soledad en el sepulcro era el reflejo de su alma, triste, melancólico como la oscuridad de su ataúd, así fue su fin.

¡¡EVIVA IL MAESTRINO!!

20

Cronología musical

Esta cronología musical de Mozart está basada en el catálogo Köchel. La numeración de las obras se creó para evitar confusión ante la enorme cantidad de creaciones musicales de este genio austriaco, es la misma organizada antes de la revisión que efectuó Alfred Einstein en 1937.

Las fechas han sido corregidas por Einstein y ocasionalmente aparecerán en secuencia alterada, aunque algunas de ellas son completamente conjeturales.

No.	Año	Lugar	Título
K 1	1761	Salzburgo	Minueto y Trío para Piano, en G
K 2	1762	Salzburgo	Minueto para Piano, en F
K 3	1762	Salzburgo	Allegro para Piano, en B bemol
K 4	1762	Salzburgo	Minueto para Piano, en F
K 5	1762	Salzburgo	Minueto para Piano, en F
K 6	1764	París	Sonata para Piano y Violín, en C
K 7	1764	París	Sonata para Piano y Violín, en De
K 8	1764	París	Sonata para Piano y Violín, en B bemol
K 9	1764	París	Sonata para Piano y Violín, en G
K 9a	1763	Salzburgo	Allegro para Piano, en C
K 9b	1763	Salzburgo	Yante para Piano, en B bemol
K 10-15	1764	Londres	6 Sonatas para Piano, Violín (o Flauta) y Violonchelo
K 16	1764	Londres	Sinfonía No. 1, en E bemol
K 17	1764	Londres	Sinfonía No. 2, en B bemol (dudoso)
K 18	1764	Londres	Sinfonía No. 3, en E bemol

K 19	1765	Londres	Sinfonía No. 4, en D
K 19d	1765	Londres	Sonata para Piano, 4 hys, en C
K 20	1765	Londres	Motet, "Dios es nuestro refugio"
K 21	1765	Londres	Aria para Tenor, "Va, dal furor portata"
K 22	1765	La Haya	Sinfonía No. 5, en B bemol
K 23	1766	La Haya	Aria para Soprano, "Conservati fedele"
K 24	1766	La Haya	8 Variaciones para Piano, de la canción alemana, "Laat ons juichen, Batavieren"
K 25	1766	Ámsterdam	7 Variaciones para Piano, de la canción alemana, "Willem van Nassau"
K 26-31	1766	La Haya	6 Sonatas para Piano y Violín,
K 32	1766	La Haya	"Galimathias Músicaum" (Quodlibet)
K 33	1766	París	Kyrie, en F
K 34	1767	Seeon	Oratorio, "En Festo St. Benidicti"
K 35	1767	Salzburgo	Ópera (Sengspiel), "Die Schuldigkeit des ersten Gebotes"
K 36	1766	Salzburgo	Recital y Aria para Tenor, "Tali e contanti sono" (licenza)
K 37	1767	Salzburgo	Concierto para Piano No. 1, en F (arreglo)
K 38	1767	Salzburgo	Ópera (Comedia), "Apollo et Hyacenthus"
K 39	1767	Salzburgo	Concierto para Piano No. 2, en B bemol (arreglo)
K 40	1767	Salzburgo	Concierto para Piano No. 3, en D (arreglo)
K 41	1767	Salzburgo	Concierto para Piano No. 4, en G (arreglo)
K 42	1767	Salzburgo	Grabmusik ("Cantata")
K 43	1767	Ulm & Viena	Sinfonía No. 6, en F
K 44	1770	Bolonia	Antiphon (Entroitus), "Cibavit eos"
K 45	1768	Viena	Sinfonía No. 7, en D
K 45a	1768	Viena	Sinfonía, en G
K 45b	1768	Viena	Sinfonía, en B bemol
K 46	1768	Viena	Quinteto
K 47	1768	Viena	Oratorio, en C, "Veni sancte spiritus"
K 48	1768	Viena	Sinfonía No. 8, en D
K 49	1768	Viena	Missa brevis, en G
K 50	1768	Viena	Ópera (Sengspiel), "Bastien y Bastienne"

K 51	1768	Viena	Ópera buffa, "La fenta semplice"
K 52	1768	Viena	"Daphne, deene Rosenwangen", Canción con Piano
K 53	1767	Ulm	" An die Freude", Canción con Piano
K 54	1788	Viena	Sonata para Piano, en F (véase K 547a)
K 55-60	1788	Viena	6 Sonatas para Piano y Violín (dudoso)
K 61			Sonata para Piano y Violín (Raupach)
K 61g	1769	Salzburgo	2 Minuetos (uno para Orquesta, uno para Piano)
K 61h	1769	Salzburgo	6 Minuetos para Orquesta
K 62	1769	Salzburgo	Marcha, en D
K 63	1769	Salzburgo	Divertimento (Fenalmusik), en G
K 64	1769	Salzburgo	Minueto para Orquesta, en D
K 65	1769	Salzburgo	Missa brevis, en D menor
K 65a	1769	Salzburgo	7 Minuetos para Cuerdas
K 66	1769	Salzburgo	Misa, en C, "Domenicus"
K 67-69	1767	Salzburgo	3 Sonatas para Organ y Cuerdas
K 70	1769	Salzburgo	Recital, "A Berenice" y Aria, "Sol nascente" para Soprano (Licenza)
K 71	1770?	Salzburgo	Aria para Tenor, "Ah, piu tremar non voglio"
K 72	1771	Salzburgo	Oratorio, en G
K 73	1771	Salzburgo	Sinfonía No. 9, en C
K 74	1770	Milán	Sinfonía No. 10, en G
K 74b	1771	Milán	Aria para Soprano, "Non curo l'affetto"
K 74g	1771	Salzburgo	Sinfonía, en B bemol
K 75	1771	Salzburgo	Sinfonía, en F
K 76	1767	Viena	Sinfonía, en F
K 77	1770	Milán	Recital, "Misero me" y Aria, "Misero pargoletto" para Soprano
K 78	1770	Milán	Aria para Soprano, "Per pieta, bell' idol mio"
K 79	1770	Milán	Aria para Soprano, "Per quel paterno"
K 80	1770	Lodi	Cuarteto para Cuerdas, No. 1, en G
K 81	1770	Roma	Sinfonía, en D
K 82	1770	Roma	Aria para Soprano, "Se ardire"
K 83	1770	Roma	Aria para Soprano, "Se tutti i mali miei"

K 84	1770	Milán	Sinfonía No. 11, en D
K 85	1770	Bolonia	Miserere
K 86	1770	Bolonia	Antiphon, "Quaerite primum regnum Dei"
K 87	1770	Milán	Ópera seria, "Mitridate, Re di Ponto"
K 88	1770	Milán	Aria para soprano, "Fra cento affani"
K 89	1770	Roma	Kyrie en G, para 5 sopranos
K 89a	1770	Roma	Canon para 4 voces
K 90	1771	Salzburgo	Kyrie, en D menor
K 91	1774	Salzburgo	Kyrie, en D (fragmentario)
K 92	1769?	Salzburgo	Salve Regena (dudoso)
K 93	1771	Salzburgo	Salmo, "De Profundis clamavi"
K 94	1770	Bolonia	Minueto para Piano (?), en D
K 95	1770	Roma	Sinfonía, en D
K 96	1771	Milán	Sinfonía, en C
K 97	1770	Roma	Sinfonía, en D
K 98	1771	Milán?	Sinfonía, en F (dudoso)
K 99	1769	Salzburgo	Casación, en B bemol
K 100	1769	Salzburgo	Serenata No.1 (Fenalmusik), en D
K 101	1776	Salzburgo	Serenata No.2, en F
K 102	1775	Salzburgo	Finale de una Sinfonía, en C
K 103	1769	Salzburgo	19 Minuetos para Orquesta
K 104	1769	Salzburgo	6 Minuetos para Orquesta
K 105	1769	Salzburgo	6 Minuetos para Orquesta
K 106	1790	Viena	Obertura y 3 Contradanzas
K 107	1765	Londres	3 Conciertos después de J.C. Bach
K 108	1771	Salzburgo	"Regena Coeli", en C
K 109	1771	Salzburgo	"Litaniae de Beata Maria Virgene" (Lauretanae)
K 110	1771	Salzburgo	Sinfonía No. 12, en G
K 111	1771	Milán	Ópera (Pastoral), "Ascanio en Alba, Serenata teatrale"
K 112	1771	Milán	Sinfonía No. 13, en F
K 113	1771	Milán	Divertimento No. 1, en E bemol
K 114	1771	Salzburgo	Sinfonía No. 14, en A
K 115	1773	Salzburgo	Missa Brevis, en C
K 116	1771	Salzburgo	Missa Brevis, en F

K 117	1769	Salzburgo	Oratorio, en C
K 118	1771	Italia	"La Betulia liberata", Oratorio
K 119	1782	Viena	Aria para Soprano, "Der Liebe himmlisches Gefuehl"
K 120	1771	Milán	Finale de una Sinfonía, en D
K 121	1775	Salzburgo	Finale de una Sinfonía, en D
K 122	1770	Bolonia	Minueto para Orquesta, en E bemol
K 123	1770	Roma	Contradanza para Orquesta, en B bemol
K 124	1772	Salzburgo	Sinfonía No. 15, en G
K 125	1772	Salzburgo	"Litaniae de venerabili altaris sacramento"
K 126	1772	Salzburgo	Ópera, "Il sogno di Scipione", Serenata drammatica
K 127	1772	Salzburgo	Regena Coeli, en B bemol
K 128	1772	Salzburgo	Sinfonía No. 16, en C
K 129	1772	Salzburgo	Sinfonía No. 17, en G
K 130	1772	Salzburgo	Sinfonía No. 18, en F
K 131	1772	Salzburgo	Divertimento No. 2, en D
K 132	1772	Salzburgo	Sinfonía No. 19, en E bemol
K 133	1772	Salzburgo	Sinfonía No. 20, en D
K 134	1772	Salzburgo	Sinfonía No. 21, en A
K 135	1772	Salzburgo Milán	Ópera seria, "Lucio Silla"
K 136	1772	Salzburgo	Divertimento, en D
K 137	1772	Salzburgo	Divertimento, en B bemol
K 138	1772	Salzburgo	Divertimento, en F
K 139	1768?	Salzburgo	Missa (solemnis), en C menor-mayor
K 140	1771	Salzburgo	Missa brevis, en G (dudoso)
K 141	1769	Salzburgo	"Te Deum", en C
K 142			"Tantum ergo", en B bemol
K 143	1770	Milán	Aria para Soprano, "Ergo enterest"
K 144	1772	Salzburgo	Sonata, en D
K 145	1772	Salzburgo	Sonata, en F
K 146	1779	Salzburgo	Aria para Soprano, "Kommet her, ihr frechen Suender"
K 147	1772	Salzburgo	"Wie ungluecklich ben ich nit", Canción con Piano

K 148	1772	Salzburgo	"O heiliges by", Canción con Piano
K 149	1772	Salzburgo	"Die grossmuetige Gelassenheit (Ich hab es laengst)", Canción con Piano
K 150	1772	Salzburgo	"Geheime Liebe (Was ich en Gedanken kuesse)", Canción con Piano
K 151	1772	Salzburgo	"Die Zufriedenheit en niedrigen Stye (Ich trachte nicht)", Canción con Piano
K 152	1775	Salzburgo	Canzonetta, "Ridente la calma"
K 153	1782	Viena	Fuga para Piano, en E bemol (fragmentario)
K 154			Fuga para Piano, en G menor (fragmentario)
K 154a			Dos pequeñas Fugas, Piano u Órgano (fragmentario)
K 155	1772?	Bozen	Cuarteto para Cuerdas, No. 2, en D
K 156	1772	Milán	Cuarteto para Cuerdas, No. 3, en G
K 157	1772 o 1773	Milán	Cuarteto para Cuerdas, No. 4, en C
K 158	1773	Milán	Cuarteto para Cuerdas, No. 5, en F
K 159	1773	Milán	Cuarteto para Cuerdas, No. 6, en B bemol
K 160	1773	Milán	Cuarteto para Cuerdas, No. 7, en E bemol
K 161	1772	Salzburgo (y Milán)	Sinfonía, en D (Obertura to K 126)
K 162	1773	Salzburgo	Sinfonía No. 22, en C
K 163	1772	Milán	Finale de la Sinfonía, en D, K 161
K 164	1772	Salzburgo	6 Minuetos para Orquesta
K 165	1773	Milán	Motet para Soprano, "Exsultate, jubilate"
K 166	1773	Salzburgo	Divertimento No. 3, en E bemol
K 167	1773	Salzburgo	Misa (Trinidad), en C
K 168	1773	Viena	Cuarteto para Cuerdas, No. 8, en F
K 169	1773	Viena	Cuarteto para Cuerdas, No. 9, en A
K 170	1773	Viena	Cuarteto para Cuerdas, No. 10, en C
K 171	1773	Viena	Cuarteto para Cuerdas, No. 11, en E bemol
K 172	1773	Viena	Cuarteto para Cuerdas, No. 12, en B bemol
K 173	1773	Viena	Cuarteto para Cuerdas, No. 13, en D menor
K 174	1773	Salzburgo	Quinteto para Cuerdas, en B bemol
K 175	1773	Salzburgo	Concierto para Piano, No. 5, en D

K 176	1773	Salzburgo	16 Minuetos para Orquesta
K 177			Oratorio, "Sub expositio venerabilli" (porLeopold Mozart)
K 178	1772	Salzburgo	Aria para Soprano, "Ah, spiegarti, oh Dio"
K 179	1774	Salzburgo	12 Variaciones para Piano, en C
K 180	1773	Viena	6 Variaciones para Piano, en G
K 181	1773	Salzburgo	Sinfonía No. 23, en D
K 182	1773	Salzburgo	Sinfonía No. 24, en B bemol
K 183	1773	Salzburgo	Sinfonía No. 25, en G menor
K 184	1773	Salzburgo	Sinfonía No. 26 (Obertura), en E bemol
K 185	1773	Viena	Serenata No. 3 "Fenalmusik", en D
K 186	1773	Milán	Divertimento No. 4, en B bemol
K 187	1773?	Salzburgo?	Divertimento No. 5, en C
K 188	1776	Salzburgo	Divertimento No. 6, en C
K 189	1773	Viena	Marcha, en D (Orquesta)
K 190	1773	Salzburgo	Concierto, en C
K 191	1774	Salzburgo	Concierto, en B bemol
K 192	1774	Salzburgo	Missa brevis, en F
K 193	1774	Salzburgo	"Dixit" y "Magnificat", en C
K 194	1774	Salzburgo	Missa brevis, en D
K 195	1774	Salzburgo	Litaniae Lauretanae, en D
K 196	1774-1775	Salzburgo-Munich	Ópera buffa, "La fenta giardeniera"
K 196e	1775	Munich	Divertimento, en E bemol
K 196f	1775	Munich	Divertimento, en B bemol
K 197			"Tantum ergo" (dudoso)
K 198	1773	Milán	Oratorio "Sub tuum praesidium"
K 199	1773	Salzburgo	Sinfonía No. 27, en G
K 200	1773	Salzburgo	Sinfonía No. 28, en C
K 201	1774	Salzburgo	Sinfonía No. 29, en A
K 202	1774	Salzburgo	Sinfonía No. 30, en D
K 203	1774	Salzburgo	Serenata No. 4, en D
K 204	1775	Salzburgo	Serenata No. 5, en D
K 205	1773	Viena	Divertimento No. 7, en D
K 206	1774	Viena	Marcha, en D (Idomeneo)
K 207	1775	Salzburgo	Concierto para Violín, No. 1, en B bemol

K 208	1775	Salzburgo	Ópera, "Il re pastore, dramma per Músicaa"
K 209	1775	Salzburgo	Aria para tenor, "Si mostra la Sorte"
K 210	1775	Salzburgo	Aria para tenor, "Con ossequio, con rispetto"
K 211	1775	Salzburgo	Concierto para Violín, No. 2, en D
K 212	1775	Salzburgo	Sonata, en B bemol
K 213	1775	Salzburgo	Divertimento No. 8, en F
K 214	1775	Salzburgo	Marcha, en C (Orquesta)
K 215	1775	Salzburgo	Marcha, en D (Orquesta)
K 216	1775	Salzburgo	Concierto para Violín, No. 3, en G
K 217	1775	Salzburgo	Aria para Soprano, "Voi avete un cor fedele"
K 218	1775	Salzburgo	Concierto para Violín, No. 4, en D
K 219	1775	Salzburgo	Concierto para Violín, No. 5, en A
K 220	1775	Munich	Missa brevis, en C
K 221	1771	Salzburgo	Kyrie, en C
K 222	1775	Munich	Oratorio de tempore "Misericordias Domeni", en D menor
K 223	1773		Osana, en C (fragmentario)
K 224	1776	Salzburgo	Sonata, en F
K 225	1776	Salzburgo	Sonata, en A
K 226			Canon "O Schwester traut dem amor nicht" (falso)
K 227			Canon, "O wunderschoen ist Gottes Erde" - Byrd (falso)
K 228	1787	Viena	Doble Canon, "Ach, zu kurz"
K 229	1782	Viena	Canon, "Sie ist dahen"
K 230	1782	Viena	Canon, "Selig, selig alle"
K 231	1782	Viena	Canon, "Leck mich im Arsch"
K 232	1787	Viena	Canon, "Lieber Freistaedtler, lieber Gaulimauli"
K 233	1782	Viena	Canon, "Leck mir am Arsch feen recht"
K 234	1782	Viena	Canon, "Bei der Hitz"
K 235	1782	Viena	Canon para Piano (P. E. Bach)
K 236	1790	Viena	Yanten para Piano, en E bemol
K 237	1774	Salzburgo	Marcha, en D (Orquesta)

K 238	1776	Salzburgo	Concierto para Piano, No. 6, en B bemol
K 239	1776	Salzburgo	Serenata No. 6, para dos Orquestas, en D
K 240	1776	Salzburgo	Divertimento No. 9, en B bemol
K 241	1776	Salzburgo	Sonata, en G
K 242	1776	Salzburgo	Concierto para tres Pianos, No. 7, en F
K 243	1776	Salzburgo	Litaniae de venerabili altaris sacramento
K 244	1776	Salzburgo	Sonata, en F
K 245	1776	Salzburgo	Sonata, en D
K 246	1776	Salzburgo	Concierto para Piano, No. 8, en C
K 247	1776	Salzburgo	Divertimento No. 10, en F
K 248	1776	Salzburgo	Marcha, en F (Orquesta)
K 249	1776	Salzburgo	Marcha, en D (para "Haffner Serenata")
K 250	1776	Salzburgo	Serenata No. 7, en D "Haffner"
K 251	1776	Salzburgo	Divertimento No. 11, en D
K 252	1776	Salzburgo	Divertimento No. 12, en E bemol
K 253	1776	Salzburgo	Divertimento No. 13, en F
K 254	1776	Salzburgo	Divertimento (Trío para Piano, Violín, Violonchelo), en B bemol
K 255	1776	Salzburgo	Recital y Aria para Alto, "Ombra felice"
K 256	1776	Salzburgo	Aria para Tenor, "Clarice cara mia sposa"
K 257	1776	Salzburgo	Missa (Credo Misa), en C
K 258	1776	Salzburgo	Missa brevis (Spaur Misa), en C
K 259	1776	Salzburgo	Missa brevis, "Organ Solo", en C
K 260	1776	Salzburgo	Oratorio, "Venite, Populi"
K 261	1776	Salzburgo	Adagio, en E para el Concierto de Violín, K 219
K 262	1776	Salzburgo	Missa Longa, en C
K 263	1776	Salzburgo	Sonata, en C
K 264	1778	París	9 Variaciones para Piano, "Lison Dormait"
K 265	1778	París	12 Variaciones para Piano, "Ah, vous dirai-je, maman"
K 266	1777	Salzburgo	Trío (Nachtmusik) para dos Violines y Bajo, en B bemol
K 266	1777	Salzburgo	4 Contradanzas
K 268	1780?	Salzburgo-Munich	Concierto para Violín, No.6, en E bemol (dudoso)

K 269	1776	Salzburgo	Rondo concertante para Violín y Orquesta, en B bemol
K 270	1777	Salzburgo	Divertimento No. 14, en B bemol
K 271	1777	Salzburgo	Concierto para Piano, No. 9, "Jeunehomme", en E bemol
K 271a	1777?	Salzburgo	Concierto para Violín, No.7, en D (dudoso)
K 272	1777	Salzburgo	Recital y Aria para Soprano, "Ah, lo previdi"
K 273	1777	Salzburgo	Gradual, "Sancta Maria"
K 274	1777	Salzburgo	Sonata, en G
K 275	1777	Salzburgo	Missa brevis, en B bemol
K 276	1779	Salzburgo	"Regena Coeli", en C
K 277	1777	Salzburgo	Oratorio, "Alma Dei creatoris"
K 278	1777	Salzburgo	Sonata, en C
K 279	1774	Salzburgo	Sonata para Piano, en C
K 280	1774	Salzburgo	Sonata para Piano, en F
K 281	1774	Salzburgo	Sonata para Piano, en B bemol
K 282	1774	Salzburgo	Sonata para Piano, en E bemol
K 283	1774	Salzburgo	Sonata para Piano, en G
K 284	1775	Munich	Sonata para Piano, en D
K 285	1777	Mannheim	Cuarteto para Flauta y Cuerdas, en D
K 285a	1778	Mannheim	Cuarteto para Flauta y Cuerdas, en G (perdido)
K 285b	1778	Mannheim	Cuarteto para Flauta y Cuerdas, en C
K 286	1776 o 1777	Salzburgo	Notturno (Serenata No. 8), para Cuatro Orquestas, en D
K 287	1777	Salzburgo	Divertimento No. 15, en B bemol
K 288	1777	Salzburgo	Divertimento, en F
K 289	1777	Salzburgo	Divertimento No. 16, en E bemol
K 290	1773	Viena	Marcha, en D (Dos Cornos y Cuerdas)
K 291			Fuga para Orquesta (Michael Hayden)
K 292	1775	Munich	Sonata para Bajo y Violonchelo, en B bemol
K 293	1783	Viena	Concierto para Oboe, en F (fragmentario)
K 294	1778	Mannheim	Recital y Aria para Soprano, "Alcyro, lo confesso"

K 295	1778	Mannheim	Aria para Tenor, "Se al labbro mio non credi"
K 296	1778	Mannheim	Sonata para Piano y Violín, en C
K 297	1778	París	Sinfonía No. 31, "París", en D
K 297a	1778	París	(App. 1), 8 números para un Miserere por Holzbauer (perdido)
K 297b	1778	París	(App. 9), Sinfonía concertante, en E bemol
K 298	1778	París	Cuarteto para Flauta y Cuerdas, en A
K 299	1778	París	Concierto para Flauta y Arpa, en C
K 299b	1778	París	(App. 10), Ballet, Música, "Les petits riens"
K 300	1778	París	Gavota para Orquesta, en B bemol
K 301	1778	Mannheim	Sonata para Piano y Violín, en G
K 302	1778	Mannheim	Sonata para Piano y Violín, en E bemol
K 303	1778	Mannheim	Sonata para Piano y Violín, en C
K 304	1778	París	Sonata para Piano y Violín, en E menor
K 305	1778	París	Sonata para Piano y Violín, en A
K 306	1778	París	Sonata para Piano y Violín, en D
K 307	1777	Mannheim	Arietta, "Oiseaux, si tous les ans"
K 308	1778	Mannheim	Arietta, "Dans un bois solitaire"
K 309	1777	Mannheim	Sonata para Piano, en C
K 310	1778	París	Sonata para Piano, en A menor
K 311	1777	Mannheim	Sonata para Piano, en D
K 311a	1778	París	(App. 8). Obertura, en B bemol (dudoso)
K 312	1774	Salzburgo	Allegro de una Sonata para Piano, en G menor
K 313	1778	Mannheim	Concierto para Flauta, en G
K 314	1778	Mannheim	Concierto para Flauta (Oboe), en D
K 315	1778	Mannheim	Yante para Flauta y Orquesta, en C
K 315a	1779	Salzburgo	8 Minuetos
K 316	1778	París	Recital y Aria para Soprano, "Popoli di Tessaglia"
K 317	1779	Salzburgo	Misa, "Coronación", en C
K 318	1779	Salzburgo	Sinfonía No. 32 (Obertura), en G
K 319	1779	Salzburgo	Sinfonía No. 33, en B bemol
K 320	1779	Salzburgo	Serenata No. 9, en D, "Post Corno"
K 321	1779	Salzburgo	"Vesperae de Domenica", en C

K 322	1778	Mannheim	Kyrie, en E bemol (fragment)
K 323	1779	Salzburgo	Kyrie, en C (fragment)
K 324	1779?		Himno,"Salus enfirmorum" (dudoso)
K 325	1779?		Himno, "Sancta Maria, ora pro nobis" (dudoso)
K 326	1771	Salzburgo	Himno, "Justum deduxit Domenus"
K 327			Himno, " Adoramus te" (Gaspareni)
K 328	1779	Salzburgo	Sonata, en C
K 329	1779	Salzburgo	Sonata, en C
K 330	1778	París	Sonata para Piano, en C
K 331	1778	París	Sonata para Piano, en A (parte 3: A la Turca)
K 332	1778	París	Sonata para Piano, en F
K 333	1778	París	Sonata para Piano, en B bemol
K 334	1779	Salzburgo	Divertimento No. 17, en D
K 335	1779	Salzburgo	2 Marchas, en D (Orquesta)
K 336	1780	Salzburgo	Sonata, en C
K 337	1780	Salzburgo	Missa solemnis, en C
K 338	1780	Salzburgo	Sinfonía No. 34, en C
K 339	1780	Salzburgo	Vesperae solemnes de confessore, en C
K 340	1780		Kyrie (perdido; dudoso)
K 341	1781	Munich	Kyrie, en D menor
K 342			Oratorio, "Benedicite angeli, (Leopold Mozart)
K 343	1779?	Salzburgo	2 canciones alemanas
K 344	1779	Salzburgo	Ópera (Sengspiel), "Zaide" (encomplete)
K 345	1779	Salzburgo	Ópera, Coros e Interludios para "Koenig Thamos"
K 346	1783	Viena	Notturno, "Luci care, luci belle", para 3 voces, con 3 Bajo y Cornos
K 347	1782	Viena	Canon, "Lasst uns ziehn"
K 348	1782	Viena	Canon, "V'amo di core teneramente"
K 349	1780	Munich	Canción con Piano, Die Zufriedenheit, "Was frag ich"
K 350			Canción con Piano, "Schlafe meen Prenzchen" - Bernhard Flies

K 351	1780	Munich	Canción con Myolen, "Komm, liebe Zither"
K 352	1781	Viena	8 Variaciones para Piano, "Les Mariages samnites"
K 353	1778	París	12 Variaciones para Piano, "La belle Francoise"
K 354	1778	París	12 Variaciones para Piano, "Je suis Lendor"
K 355	1790	Viena	Minueto para Piano, en D
K 356	1791	Viena	Adagio para harmónica, en C
K 357	1786	Viena	Sonata para Piano para Cuatro Hys, en G (fragmento)
K 358	1774	Salzburgo	Sonata para Piano para Cuatro Hys, en B bemol
K 359	1781	Viena	12 Variaciones para Piano y Violín, "La Bergere Celimene"
K 360	1781	Viena	6 Variaciones para Piano y Violín, "Helas, j'ai perdu mon amant"
K 361	1781	Munich	Serenata No. 10, para Viento, en B bemol
K 362	1780		Marcha (Idomeneo)
K 363	1780	Salzburgo	3 Minuetos
K 364	1779	Salzburgo	Sinfonía concertante para Violín y Viola, en E bemol
K 365	1779	Salzburgo	Concierto para Dos Pianos, No. 10, en E bemol
K 366	1780-1781	Salzburgo y Munich	Ópera seria, "Idomeneo, re di Creta"
K 367	1781	Munich	Ballet Música para Idomeneo
K 368	1781	Munich	Recital y Aria para Soprano, "Ma, che vi fece, o stelle"
K 369	1781	Munich	Escena y Aria para Soprano, "Misera, dove son!"
K 370	1781	Munich	Cuarteto para Oboe y Cuerdas, en F
K 371	1781	Viena	Rondo para Corno y Orquesta, en E bemol (sketch)
K 372	1781	Viena	Allegro de una Sonata para Piano y Violín, en B bemol (fragmentario)
K 373	1781	Viena	Rondo para a Concierto para Violín, en C

K 374	1781	Viena	Recital y Aria para Soprano, "Or che il cielo"
K 375	1781	Viena	Serenata No. 11, para Viento, en E bemol
K 376	1781	Viena	Sonata para Piano y Violín, en F
K 377	1781	Viena	Sonata para Piano y Violín, en F
K 378	1779	Salzburgo	Sonata para Piano y Violín, en B bemol
K 379	1781	Viena	Sonata para Piano y Violín, en G
K 380	1781	Viena	Sonata para Piano y Violín, en E bemol
K 381	1772	Salzburgo?	Sonata para Piano para 4 hys, en D
K 382	1782	Viena	Rondo para Piano y Orquesta, en D
K 383	1782	Viena	Aria para Soprano, "Nehmt meenen Dank"
K 384	1781-1782	Viena	Ópera (Sengspiel), "Die Entfuehrung aus dem Serail"
K 385	1782	Viena	Sinfonía No. 35 "Haffner", en D
K 386	1782	Viena	Rondo para Piano y Orquesta, en A
K 386d	1782	Viena	(App. 25) Recital, "O Calpe" (fragmentario)
K 387	1782	Viena	Cuarteto para Cuerdas, No. 14, en G
K 388	1782	Viena	Serenata No. 12, para Viento, en C menor
K 389	1782	Viena	Dueto "Welch aengstliches Beben" (Die Entfuehrung)
K 390	1780	Salzburgo	Canción con Piano, "Ich wuerd auf meenem Pfad"
K 391	1780	Salzburgo	Canción con Piano, "Sei du meen Trost"
K 392	1780	Salzburgo	Canción con Piano, "Verdankt sei es dem Glanz"
K 393	1782	Viena	Solfeggi para Soprano
K 394	1782	Viena	Fantasía y Fuga para Piano, en C
K 395	1778	París	Capriccio para Piano, en C
K 396	1782	Viena	Adagio para Piano y Violín, en C menor (fragmentario)
K 397	1782	Viena	Fantasía para Piano, en D menor
K 398	1783	Viena	6 Variaciones para Piano, "Salve tu, Domene"
K 399	1782	Viena	Suite para Piano, en C
K 400	1781	Viena	Allegro de una Sonata para Piano, en B bemol

K 401	1782	Viena	Fuga para Piano, en G menor
K 402	1782	Viena	Sonata para Piano y Violín, en A (fragmentario)
K 403	1782	Viena	Sonata para Piano y Violín, en C (fragmentario)
K 404	1782	Viena	Yante y Allegretto para Piano y Violín, en C (fragmentario)
K 404a	1782	Viena	6 Preludios para Fugas por J.S. y W.F. Bach para Trío
K 405	1782	Viena	5 Fugas por Bach para Cuarteto
K 406	1787	Viena	Quinteto para Cuerdas, en C menor
K 407	1782	Viena	Quinteto para Corno y Cuerdas, en E bemol
K 408	1782	Viena	3 Marchas para Orquesta
K 409	1782	Viena	Minueto para una Sinfonía, en C
K 410	1783	Viena	Adagio para 2 Bajo y Cornos y Bajo, en F
K 411	1783	Viena	Adagio para 2 Clarinetes y 3 Bajo y Cornos, en F
K 412	1782	Viena	Concierto para Corno, en D
K 413	1782-1783	Viena	Concierto para Piano, No. 11, en F
K 414	1782	Viena	Concierto para Piano, No. 12, en A
K 415	1782-1783	Viena	Concierto para Piano, No. 13, en C
K 416	1783	Viena	Escena y Ronda para Soprano, "Mia speranza adorata"
K 417	1783	Viena	Concierto para Corno, en E bemol
K 418	1783	Viena	Aria para Soprano, "Vorrei spiegarvi, oh Dio"
K 419	1783	Viena	Aria para Soprano, "No, no, che non sei capace"
K 420	1783	Viena	Aria para Tenor, "Per pieta, non ricercate"
K 421	1783	Viena	Cuarteto para Cuerdas, No. 15, en D menor
K 422	1783	Salzburgo	Ópera buffa, "L'oca del Cairo", (fragmentario)
K 423	1783	Salzburgo	Dúo para Violín y Viola, en G
K 424	1783	Salzburgo	Dúo para Violín y Viola, en B bemol

K 425	1783	Linz	Sinfonía No. 36, en C
K 426	1783	Viena	Fuga para 2 pianos, en C menor
K 427	1782-1783	Viena	Misa, en C menor
K 428	1783	Viena	Cuarteto para Cuerdas, No. 16, en E bemol
K 429	1783	Viena	Cantata, "Dir, Seele des Weltalls"
K 429a	1783	Viena	Cantata, "Dir, Seele des Weltalls" con Piano
K 430	1783	Salzburgo	Ópera buffa, "Lo sposo deluso" (fragment)
K 431	1783	Viena	Recital y Aria para Tenor, "Misoro! o sogno!"
K 432	1783	Viena	Recital y Aria para Bajo, "Cosi dunque tradisci"
K 433	1783	Viena	Arietta para Bajo, "Maenner suchen stets"
K 434	1783	Salzburgo	Terzetto, "Del gran regno delle Amazoni"
K 435	1783	Viena	Aria para Tenor, "Muesst ich auch"
K 436	1783	Viena	Notturno para 2 Sopranos y Bajo, "Ecco quel fiero istante"
K 437	1783	Viena	Notturno para 2 Sopranos y Bajo, "Mi lagnero tacendo"
K 438	1783	Viena	Notturno para 3 Voces, "Se lontan ben mio, tu sei"
K 439	1783	Viena	Notturno para 2 Sopranos y Bajo, "Due pupille amabile"
K 440	1782	Viena	Aria para Soprano, "En te spero o sposo"
K 441	1783	Viena	Terzetto, "Liebes Myel, wo ist's Byel"
K 442	1783	Viena	Trío para Piano, Violín y Violonchelo, en D menor (incompleto)
K 443	1782	Viena	Fuga, en 3 partes vocales (fragmentario)
K 444	1783	Linz	Introducción, en G, para una Sinfonía (No. 37) de Michael Haydn
K 445	1779	Salzburgo	Marcha, en D (Orquesta)
K 446	1783	Viena	Música para una Pantomima (fragmentario)
K 447	1783	Viena	Concierto para Corno, en E bemol
K 448	1781	Viena	Sonata para 2 Pianos, en D
K 449	1784	Viena	Concierto para Piano, No. 14, en E bemol

K 450	1784	Viena	Concierto para Piano, No. 15, en B bemol
K 451	1784	Viena	Concierto para Piano, No. 16, en D
K 452	1784	Viena	Quinteto para Piano y Viento, en E
K 453	1784	Viena	Concierto para Piano, No. 17, en G
K 454	1784	Viena	Sonata para Piano y Violín, en B bemol
K 455	1784	Viena	10 Variaciones para Piano, "Unser dummer Poebel meent"
K 456	1784	Viena	Concierto para Piano, No. 18, en B bemol
K 457	1784	Viena	Sonata para Piano, en C menor
K 458	1784	Viena	Cuarteto para Cuerdas, No. 17, en B bemol
K 459	1784	Viena	Concierto para Piano, No. 19, en F
K 460	1784	Viena	8 Variaciones para Piano, "Come un agnello"
K 461	1784	Viena	6 Minuetos para Orquesta
K 462	1784	Viena	6 Contradanzas para Orquesta
K 463	1784	Viena	2 Contradanzas con Minuetos para Orquesta
K 464	1785	Viena	Cuarteto para Cuerdas, No. 18, en A
K 465	1785	Viena	Cuarteto para Cuerdas, No. 19, en C, "Dissonant"
K 466	1785	Viena	Concierto para Piano, No. 20, en D menor
K 467	1785	Viena	Concierto para Piano, No. 21, en C
K 468	1785	Viena	Canción con Piano, "Die ihr eenem neuen Grade"
K 469	1785	Viena	Davidde penitente, Oratorio
K 470	1785	Viena	Yante para un Concierto para Violín de Viotti (perdido)
K 471	1785	Viena	Cantata, "Die Maurerfreude"
K 472	1785	Viena	Canción con Piano, "Ihr Maedchen, flieht"
K 473	1785	Viena	Canción con Piano, "Wie Sanft, wie ruhig"
K 474	1785	Viena	Canción con Piano, "Der Reiche Tor"
K 475	1785	Viena	Fantasía para Piano, en C menor
K 476	1785	Viena	Canción con Piano, "Das Veilchen"
K 477	1785	Viena	Maurerische Trauermusik
K 478	1785	Viena	Cuarteto para Piano y Cuerdas, en G menor
K 479	1785	Viena	Cuarteto, "Dite almeno"

K 480	1785	Viena	Terzet, "Myena amabile"
K 481	1785	Viena	Sonata para Piano y Violín, en E bemol
K 482	1785	Viena	Concierto para Piano, No. 22, en E bemol
K 483	1785	Viena	Canción con Coros, "Zerfliesset heut', geliebte Brueder"
K 484	1785	Viena	Coros, "Ihr unsre neuen Leiter"
K 485	1786	Viena	Rondo para Piano, en D
K 486	1786	Viena	Ópera (Sengspiel), "Der Schauspieldirektor"
K 486a	1778	Mannheim	Recital y Aria para Soprano, "Basta, vencesti"
K 487	1786	Viena	12 Duetos para 2 Cornos (Bajo y?)
K 488	1786	Viena	Concierto para Piano, No. 23, en A
K 489	1786	Viena	Dueto para Soprano y Tenor, "Spiegarti, oh Dio, non posso"
K 490	1786	Viena	Escena y Rondo para Soprano, "Non piu, tutto"
K 491	1786	Viena	Concierto para Piano, No. 24, en C menor
K 492	1785-1786	Viena	Ópera buffa, "Le nozze di Figaro"
K 493	1786	Viena	Cuarteto para Piano y Cuerdas, en E bemol
K 494	1786	Viena	Rondo para Piano, en F
K 495	1786	Viena	Concierto para Corno, en E bemol
K 496	1786	Viena	Trío para Piano, Violín y Violonchelo, en G
K 497	1786	Viena	Piano, Sonata, en F
K 498	1786	Viena	Trío para Piano, Clarinete y Viola, en E bemol
K 498a	1786	Viena	Sonata para Piano, en B bemol (fragmentario)
K 499	1786	Viena	Cuarteto para Cuerdas, No. 20, en D
K 500	1786	Viena	12 Variaciones para Piano, en B bemol
K 501	1786	Viena	Yante con 5 Variaciones para Piano Dueto, en G
K 502	1786	Viena	Trío para Piano, Violín y Violonchelo, en B bemol

K 503	1786	Viena	Concierto para Piano, No. 25, en C
K 504	1786	Viena	Sinfonía No. 38, "Praga", en D
K 505	1786	Viena	Escena y Rondo para Soprano, "Ch'io mi scordi di te"
K 506	1786?	Viena	Canción con Piano, Lied der Freiheit, "Wer unter eenes Maedchens Hy"
K 507	1786	Viena	Canon, "Heiterkeit und Leichtes Blut"
K 508	1786	Canon	"Auf das Wohl aller Freunde"
K 509	1787	Praga	6 Danzas alemanas para Orquesta
K 510	1787		9 Contradanzas (dudoso)
K 511	1787	Viena	Rondo para Piano, en A menor
K 512	1787	Viena	Recital y Aria para Bajo, "Alcyro, lo confesso"
K 513	1787	Viena	Aria para Bajo, "Mentre ti lascio"
K 514			Rondo para Corno y Orquesta (fragmentario)
K 514a	1787	Viena	Quinteto para Cuerdas, en B bemol (fragment)
K 515	1787	Viena	Quinteto para Cuerdas, en C
K 516	1787	Viena	Quinteto para Cuerdas, en G menor
K 517	1787	Viena	Canción con Piano, Die Alte, "Zu meener Zeit"
K 518	1787	Viena	Canción con Piano, "Sobald Damoetas"
K 519	1787	Viena	Canción con Piano, das Lied der Trennung, "Die Engel Gottes weenen"
K 520	1787	Viena	Canción con Piano, "Erzeugt von heisser Phantasie"
K 521	1787	Viena	Sonata para Piano para 4 Hys, en C
K 522	1787	Viena	Divertimento, en F, "Een musikalischer Spass"
K 523	1787	Viena	Canción con Piano, "Abend ist's"
K 524	1787	Viena	Canción con Piano, "An Chloe"
K 525	1787	Viena	"Eene kleene Nachtmusik", en G
K 526	1787	Viena	Sonata para Piano y Violín, en A
K 527	1787	Praga	Ópera buffa, "Don Giovanni"
K 528	1787	Praga	Escena para Soprano, "Belle mia fiamma"

K 529	1787	Praga	Canción con Piano, "Es war eenmal"
K 530	1787	Praga	Canción con Piano, "Wo bist du, Bild?"
K 531	1787	Viena	Canción con Piano Die kleene Spenneren, "Was spennst du?"
K 532	1787	Viena	Terzetto, "Grazie agl'enganni tuoi" (sketch)
K 533	1788	Viena	Allegro y Yante para Piano, en F
K 534	1788	Viena	Contradanza para Orquesta
K 535	1788	Viena	Contradanza, "La Battaille" para Orquesta
K 535a	1788	Viena	3 Contradanzas para Orquesta
K 536	1788	Viena	6 Danzas alemanas para Orquesta
K 537	1788	Viena	Concierto para Piano, No. 26, "Coronación", en D
K 538	1788	Viena	Aria para Soprano, "Ah se en ciel"
K 539	1788	Viena	Canción, "Ich moechte wohl"
K 540	1788	Viena	Adagio para Piano, en B menor
K 541	1788	Viena	Arietta para Bajo, "Un bacio di mano"
K 542	1788	Viena	Trío para Piano, Violín y Violonchelo, en E
K 543	1788	Viena	Sinfonía No. 39, en E bemol
K 544	1788	Viena	"Een kleener Marsch", en D (perdido)
K 545	1788	Viena	Sonata para Piano, en C "Sonatena"
K 546	1788	Viena	Adagio y Fuga para Cuerdas, en C menor (originalmente para dos Pianos)
K 547	1788	Viena	Sonatena para Piano y Violín, en F
K 547a	1788	Viena	Sonata para Piano, en F
K 548	1788	Viena	Trío para Piano, Violín y Violonchelo, en C
K 549	1788	Viena	Canzonetta para 2 Sopranos y Bajo, "Piu non si trovano"
K 550	1788	Viena	Sinfonía No. 40, en G menor
K 551	1788	Viena	Sinfonía No. 41 "Júpiter", en C
K 552	1788	Viena	Canción, con Piano, Beim Auszug en das feld, "Dem hohen Kaiser-Worter treu"
K 553	1788	Viena	Canon, "Alleluja"
K 554	1788	Viena	Canon, "Ave María"
K 555	1788	Viena	Canon, "Lacrimoso son io"
K 556	1788	Viena	Canon, "G'rechtelt's enk"
K 557	1788	Viena	Canon, "Nascoso e il mio sol"

K 558	1788	Viena	Canon, "Gehn ma en's Prada"
K 559	1788	Viena	Canon, "Difficile lectu mihi"
K 560	1788	Viena	Cánones, "O du eselhafter Marten" - "O du eselhafter Peierl"
K 561	1788	Viena	Canon, "Bona nox, bist a rechta Ox"
K 562	1788	Viena	Canon, "Caro, bell' idol mio"
K 562e	1788	Viena	(App. 66), Trío para Violín, Viola y Violonchelo, en G (fragmento)
K 563	1788	Viena	Divertimento para Trío de Cuerdas, en E bemol
K 564	1788	Viena	Trío para Piano, Violín y Violonchelo, en G
K 565	1788	Viena	2 Contradanzas para Orquesta
K 566	1788	Viena	Instrumentación de la obra de Hyel, "Acis y Galatea"
K 567	1788	Viena	6 Danzas alemanas para Orquesta
K 568	1788	Viena	12 Minuetos para Orquesta
K 569	1789	Viena	Aria, "Ohne Zwang" (perdido)
K 570	1789	Viena	Sonata para Piano, en B bemol
K 571	1789	Viena	6 Danzas alemanas para Orquesta
K 571a	1789	Viena	Comic Cuarteto, "Caro mio, Druck und Schluck"
K 572	1789	Viena	Instrumentación de la obra de Hyel, "El Mesías"
K 573	1789		Potsdam 9 Variaciones para Piano (Duport), en D
K 574	1789	Leipzig	Gigue para Piano, en G menor
K 575	1789	Viena	Cuarteto para Cuerdas, No. 21, en D
K 576	1789	Viena	Sonata para Piano, en D
K 577	1789	Viena	Rondo para Soprano, "Al desio"
K 578	1789	Viena	Aria para Soprano, "Alma grye"
K 579	1789	Viena	Aria para Soprano, "Un moto di gioia"
K 580	1789	Viena	Aria para Soprano, "Schon lacht der holde Fruehleng"
K 581	1789	Viena	Quinteto para Clarinete y Cuerdas, en A
K 582	1789	Viena	Aria para Soprano, "Chi sa, chi sa, qual sia"
K 583	1789	Viena	Aria para Soprano, "Vado, ma dove?"

K 584	1789	Viena	Aria para Bajo, "Rivolgete a lui lo sguardo"
K 585	1789	Viena	12 Minuetos para Orquesta
K 586	1789	Viena	12 Danzas alemanas para Orquesta
K 587	1789	Viena	Contradanza para Orquesta
K 588	1790	Viena	Ópera buffa, "Cosi fan tutte"
K 589	1790	Viena	Cuarteto para Cuerdas, No. 22, en B bemol
K 590	1790	Viena	Cuarteto para Cuerdas, No. 23, en F
K 591	1790	Viena	Instrumentación de la obra de Hyel, "El banquete deAlexyer "
K 592	1790	Viena	Instrumentación de la obra de Hyel, "Oda para Santa Cecilia"
K 593	1790	Viena	Quinteto para Cuerdas, en D
K 594	1790	Frankfurt-Viena	Adagio y Allegro para Órgano mecánico, en F menor
K 595	1791	Viena	Concierto para Piano, No. 27, en B bemol
K 596	1791	Viena	Canción con Piano, "Komm, lieber Mai"
K 597	1791	Viena	Canción con Piano, "Erwacht zum neuen Leben"
K 598	1791	Viena	Canción con Piano, "Wir Kender"
K 599	1791	Viena	6 Minuetos para Orquesta
K 600	1791	Viena	6 Danzas alemanas para Orquesta
K 601	1791	Viena	4 Minuetos para Orquesta
K 602	1791	Viena	4 Danzas alemanas para Orquesta
K 603	1791	Viena	2 Contradanzas para Orquesta
K 604	1791	Viena	2 Minuetos para Orquesta
K 605	1791	Viena	3 Danzas alemanas para Orquesta
K 606	1791	Viena	6 Danzas alemanas para Orquesta
K 607	1791	Viena	Contradanza para Orquesta
K 608	1791	Viena	Fantasía para un órgano mecánico, en F menor
K 609	1791	Viena	5 Contradanzas para Orquesta
K 610	1791	Viena	Contradanza para Orquesta
K 611	1791	Viena	Danza alemana
K 612	1791	Viena	Aria para Bajo, "Per questa bella mano"

K 613	1791	Viena	6 Variaciones para Piano, "Een Weib ist das herrlichste Deng"
K 614	1791	Viena	Quinteto para Cuerdas, en E bemol
K 615	1791	Viena	Coros, "Viviamo felici" (perdido)
K 616	1791	Viena	Yante para pequeño Órgano mecánico, en F
K 617	1791	Viena	Adagio y Rondo para Flauta, Oboe, Viola y Violonchelo, en C menor
K 618	1791	Baden	Motet, "Ave, verum corpus"
K 619	1791	Viena	Cantata, "Die ihr des unermesslichen Weltalls"
K 620	1791	Viena	Ópera (Grosse Oper), "Die Zauberfloete"
K 621	1791	Viena y Praga	Ópera seria, "La clemenza di Tito"
K 622	1791	Viena	Concierto para Clarinete, en A
K 623	1791	Viena	Cantata, "Eene kleene Freimaurer Kantata"
K 624	1768-1791		Concierto para Pianos
K 625	1790	Viena	Dueto Cómico, "Nun liebes Weibchen"
K 626	1791	Viena	Réquiem, Misa

21

Cronología

1756 En la ciudad de Salzburgo, nace el 27 de enero Wolfgang Amadeus Mozart.

1762 Los primeros viajes a Viena y Munich. Se presenta ante la emperatriz María Teres-a.

1763 El primer viaje a París y Londres.

1764 Su primer encuentro con J. Christian Bach. Compone su primera sinfonía.

1765 Sale de Londres.

1766 Vuelve a París y viaja a suiza, regresa a Salzburgo.

1768 Compone sus grandes obras *La finta simplice* y *Bastien et Bastienne.*

1769 Es nombrado maestro concertista de la orquesta de Salzburgo. Viaja a Italia.

1771 Vuelve a Salzburgo. Estreno de *Ascanio en Alba* en Milán.

1772 Compone para el nuevo arzobispo Colloredo su obra *Il sogno di Scipion.* Vuelve a viajar a Milán para presentar *Lucio Sila.*

1775 Se presenta en Viena *La finta giardinera.*

1777 Nuevo viaje a París. En Mannheim estrecha su amistad con los Cannabich, y se enamora de Aloysia Weber.

1778 Por fin llega a París. Se produce la muerte de su madre. Regresa a Mannheim y a Munich.

1779 Regresa a Salzburgo y es nombrado organista de la catedral.

1781 Representación en Munich de *Idomeneo.* Rompe relaciones con el arzobispo Colloredo y se establece en Viena. Adquiere compromiso con Constance Weber.

1782 Representación de *El rapto en el serrallo*. Matrimonio con Constance.

1783 Nace el primero de sus hijos.

1784 Ingresa en la masonería al ser aceptado en una logia.

1785 Presentación del oratorio *El David penitente*.

1786 Presentación en Viena de la obra *Las bodas de Fígaro*. Viaja a Praga donde compone la sinfonía *"La de Praga"*.

1787 Regresa a Viena y da varias clases al futuro genio Ludwig van Beethoven. La muerte de su padre. Regresa a Praga para la presentación de *Don Juan*.

1788 Se presenta en Viena la obra *Don Juan*. Compone sus tres últimas sinfonías.

1789 Nuevo viaje a Praga, Dresde, Leipzig y finalmente, Berlín.

1790 Representación en Viena de *Cosi fan tutte*.

1791 Se presenta en Praga la obra *La clemencia de Tito*. En Viena se presenta la obra *La flauta mágica*. En Viena llega el esperado fin: muere Wolfgang Amadeus Mozart. Deja inconcluso el *Réquiem*.

TÍTULOS DE ESTA COLECCIÓN

Abraham Lincoln
Adolfo Hitler
Albert Einstein
Alejandro Graham Bell
Alejandro Magno
Beethoven
Benito Mussolini
Buda
Carlota
César Borgia
Charles Chaplin
Cleopatra
Conde Cagliostro
Confucio
Cristóbal Colón
Dante Alighieri
Diana de Gales
Ernest Hemingway
Ernesto Che Guevara
Eva Perón
Federico Nietzsche
Franz Kafka
Gandhi
Gengis Kan
Harry Houdini
Hermann Hesse
Hernán Cortés
Jesús
John F. Kennedy
Joseph Fouché
Juan Pablo II
Juan XXIII
Juana la Loca
Julio César
Karl Marx
Leonardo Da Vinci
Lucrecia Borgia
Mahoma
Marco Polo
María Antonieta
María Tudor
Marilyn Monroe
Marqués de Sade
Miguel Ángel
Mozart
Napoleón
Nicolás Maquiavelo
Oscar Wilde
Pitágoras
Rasputín
René Descartes
Ricardo Corazón de León
San Francisco de Asís
Sigmund Freud
Vincent Van Gogh
Vlad Tepes
William Shakespeare

NOTAS

NOTAS

NOTAS

NOTAS

NOTAS

NOTAS

Esta obra se imprimió
En los talleres de
IMPRESOS MEGA UNIÓN S. A. de C.
Calle 10 № 1 esq. Av 6 pte
Col. Renovación Deleg. Iztapalapa
C. P. 09209 México D. F.
Tel: 15 46 31 62